Chat Generative Pre-trained Transformer

中央経済社 編

# Chat GPT の法律

森・濱田松本法律事務所 弁護士
**田中浩之**

モノリス法律事務所 代表弁護士
**河瀬 季**

株式会社ABEJA 弁護士
**古川直裕**

TMI総合法律事務所 弁護士
**大井哲也**

阿部・井窪・片山法律事務所 弁護士
**辛川力太・佐藤健太郎・柴崎 拓**

弁護士ドットコム株式会社
**橋詰卓司**・弁護士 **仮屋崎 崇**

高樹町法律事務所 弁護士
**唐津真美**

弁護士
**清水音輝**

松尾・桃尾・難波法律事務所 弁護士
**松尾剛行**

著

中央経済社

# はしがき

　ここ数年，AI 技術が急速に進化しているが，最近特に話題になっているのが，ChatGPT である。

　ChatGPT とは，簡単に言えば，AI 技術を活用した対話型のサービスである。例えば ChatGPT に本書のタイトルのアイディアを出してほしいと指示すると，それらしき案を出してくれる。自分のアイディアと ChatGPT のそれを勝負させてみるといった使い方はあるかもしれない。また，文章生成は特に得意なようで，「小説や詩を作成してほしい」「メールの文面を代わりに考えてほしい」とお願いしたら，それなりのモノを提供してくれるとのことである（活用場面の詳細は第 2 章を参照）。

　つまり，ChatGPT は工夫次第でいろいろなことに使用でき，昨今ではビジネスシーンでの活用も期待されている。

　一方で，仕事で使う場合には留意しなければならないことがある。例えば，業務の一場面として，ChatGPT に「発売前の新商品のプレスリリースを書いてほしい」と依頼したとしよう。そのため，新商品の技術で，いまだ公開情報でない，いわゆる企業の "秘密情報" を入力してしまう。これは大丈夫なのだろうか。また，ある個人の事業主が「商品のキャッチコピーを考えてほしい」と企業から依頼された際，その依頼をそのまま ChatGPT に投げて，ChatGPT が生み出した成果物を納品してしまう。これは果たして許されるのだろうか。このように，ChatGPT を利用する際には「本当に使ってよいの？」と疑問を抱くことが結構あるだろう。本書は，そのような悩みにこたえるものであり，特にビジネスで使用する際の法的側面にフォーカスしたものである。

　本書では ChatGPT とは何かという基本的，技術的なことから，現在の法的枠組みの中でポイントとなる事項，さらには実際に利用する場合の利用規約などを掲載するとともに，個別事項として，AI 倫理，個人情報保護法，著作権

法など関連する論点を深掘りしている。本書を読んでおけば，ChatGPTを利用する際の勘所が“ざっくり”わかるような構成を心がけている。本書をとおして，ChatGPTのよりよい使い方，ChatGPTを導入したビジネスサービスの検討に活かしていただければ幸いである。

　最後になるが，本書はChatGPTの技術や法律に詳しいトップランナーの先生方にご執筆いただいた。短い時間にもかかわらず，ご対応いただいたこと，この場を借りて，御礼申し上げたい。


　2023年6月

中央経済社　実務書編集部

※本書では，各論稿のニュアンスを正しくお伝えするため，用語の表記統一を行っていない場合がございます。

# 目　次

# 第4章
# ChatGPT と個人情報保護法上の課題 ──────── 51

# 第5章
# ChatGPT を個人・ビジネスで利用する際の
# 留意点 ——————————————————— 65

# 第6章
## ChatGPT の未来 ——————————————— 142

# 1

# ChatGPT の概要

第　　　章

森・濱田松本法律事務所　パートナー弁護士・ニューヨーク州弁護士
慶應義塾大学大学院法学研究科特任教授（非常勤）[1]

田中　浩之

　本章では，ChatGPT の概要について論じる。ChatGPT については，動きが非常に早く，本書執筆時点の情報から最新の状況が変化している可能性があることやあくまで法律書の前提としての限られた分量の紹介パートであるという限界があるという点についてご容赦いただきたい[2]。

## 1 | ChatGPT とは？/ChatGPT 登場の背景

### (1)　ChatGPT とは？

　ChatGPT[3]とは，米国 OpenAI が開発し，2022年11月にリリースされ，全世界で爆発的な普及をしている，対話型の生成系 AI（自動応答チャット生成系 AI）である。

　ChatGPT には，OpenAI が開発した，大規模言語モデル GPT をベースとしたチャット対話用のモデルが組み込まれている。GPT は，Generative Pre-

---

1　兼グローバルリサーチインスティテュート　サイバーフィジカル・サステナビリティ・センター　構成員

2　本章執筆にあたり，以下の方々から貴重なご指摘をいただいた。ここに記して感謝申し上げたい。
・本書第 5 章著者の橋詰卓司氏および第 6 章著者の松尾剛行弁護士
・筆者が所属する AI 法研究会のメンバーである，柿沼太一弁護士・福岡真之介弁護士・古川直裕弁護士（本書第 3 章著者）・吉永京子氏
・筆者が所属する森・濱田松本法律事務所の中野玲也弁護士
　もっとも，本章の内容に関する一切の責任は筆者にある。また，本章の内容は筆者の現時点の私見であり，筆者が所属する組織等の見解を代表するものではない。

3　https://openai-chatgpt.jp/

trained Transformerの略語であり，Generativeは，「生成」，Pre-trainedは，「事前学習された」を意味する。Transformerは，ニューラルネットワークアーキテクチャの一種であり，言語・画像等の分析に有用なモデルのことである。詳細には立ち入らないが，ニューラルネットワークとは，機械学習の一種であるディープラーニング（深層学習）により，人の脳の動きを模して構築したAIモデルである。

　GPTは，テキストを生成することができる，事前学習された大規模言語モデル（LLM：Large Language Model）であるといえる。

　一般向けのChatGPT[4]には，無償版と有償版があり，無償版では，現在，GPT-3.5が搭載されているが，月額20米ドルの有料版のChatGPT Plusでは，GPT-3.5に加えて，最新のGPT-4も使うことができるようになっている。

　このGPT-4は，OpenAIに出資をしているMicrosoftの検索エンジンBing[5]のチャット機能にも搭載されており，こちらは無料で使うことができる。

## (2) ChatGPT登場の背景

　現在のChatGPTに搭載されている言語モデル（GPT-3.5及びGPT-4）のベースであるGPT-3は2020年に公開されており，AI研究者・開発者の業界においては話題となっていたが，ChatGPTの登場で一般個人が簡単に利用できることになり，その便利さから一気にブームに火が付いた。ChatGPTは，これまでのインターネット上でブームを巻き起こしたどのサービスよりも早く，史上最速の2カ月でアクティブユーザ1億人に到達したとされる。ChatGPTの登場により，第4次AIブームが到来したとも言われている。

　AIブームはこれまで，第1次から第3次のブームがあったと言われている[6]。

---

　4　なお，APIについては，3の(2)で後述する。

　5　https://www.bing.com/

　6　第1次から第3次AIブームについての説明の出典：総務省平成28年版情報通信白書「第1部　特集　IoT・ビッグデータ・AI〜ネットワークとデータが創造する新たな価値〜」「第2節　人工知能（AI）の現状と未来」（https://www.soumu.go.jp/johotsusintokei/whitepaper/ja/h28/html/nc142120.html）に基づいて作成。

　第 1 次 AI ブームは，1950年代後半～1960年代であり，コンピューターによる推論・探索が可能となったことによりブームが到来したが，複雑な社会問題に解答を出すことができずに下火になったとされる。第 2 次 AI ブームは，1980年代～1990年代前半であり，コンピューターが推論するために必要な様々な情報（「知識」）を，コンピューターが認識できる形で記述して入力すれば実用可能な AI が登場し，多数のエキスパートシステム（専門分野の知識を取り込んだうえで推論することで，その分野の専門家のように振る舞うプログラム）が生み出されたたことでブームが到来した。しかし，必要となる膨大な情報全てを，人がコンピューターに理解可能なように記述することが物理的に困難であったことから，用途が限定的であり，下火になったとされる。

　第 3 次 AI ブームは，2000年代から最近（第 4 次 AI ブームに至るまで）続いてきたとされる。「ビッグデータ」と呼ばれるような大量のデータを用いることで，AI が自ら知識を獲得する機械学習が実用化され，特に，知識を定義する要素（特徴量）を AI が自ら習得するディープラーニング（深層学習）が登場したことが重要である。

　今回の ChatGPT の登場による第 4 次 AI ブームは，従前に比べて格段に一般人にまでそのブームが浸透した大きな転換期であるといってよい。

## (3)　生成系（ジェネレーティブ）AI とは？

　生成系（ジェネレーティブ）AI とは，様々な成果物を生成することができる AI の総称である。

　生成系 AI については，自動応答チャット生成系 AI である ChatGPT のブーム以前に，2022年夏には，文章のプロンプト（指示/命令/呪文）を打ち込めば，それに応じた画像を瞬時に作成してくれる画像生成系 AI のブームが起こった。

　画像生成系 AI には，たとえば，米国 Midjourney（ミッドジャーニー）の Midjourney[7]，英国 Stability AI の Stable Diffusion[8]（ステーブル・ディフュー

---

7　https://www.midjourney.com/
8　https://ja.stability.ai/stable-diffusion

ジョン），ChatGPTをリリースしているOpenAIの，DALL・E 2[9]（ダリ・ツー）等がある。

### ⑷　自動応答チャット生成系 AI/大規模言語モデルの開発競争

対話型の生成系 AI では，2023年5月に米国 Google の Bard[10]も日本語で利用できるようになったことが大きな話題になった。Google の Bard には，Google の大規模言語モデルである PaLM 2が搭載されている。Google のサーチエンジンにもこのチャット機能が搭載されることが予定されており，Microsoft の Bing に対抗する動きとして，注目を集めている。

他にも大規模言語モデルが様々な企業からすでにリリースされており，日本企業も日本独自の大規模言語モデルの開発をする例が出てきており，今後も動向が注目される。

# 2 ┃ ChatGPT の仕組みと限界

## ⑴　ChatGPT の仕組み

前述のとおり，ChatGPT には，OpenAI が開発した，大規模言語モデルGPT が組み込まれている。大規模言語モデルは，一般に，大量のデータを学習しており，次に来る確率の高い単語を予測できるように訓練されている。たとえば，単純な例で説明すると，「バターを塗った」の後には，「トースト」や「フライパン」という単語が続く可能性の方が，「車」や「鉛筆」という単語が続く可能性より高いということが予測可能なように訓練されているということになる。ChatGPT は，このような仕組みを使って言葉をつなげていくことにより，ユーザが入力したプロンプト（指示/質問/呪文）に対して，応答がされ，会話が成り立つようになっている。

---

9　https://openai.com/product/dall-e-2
10　https://bard.google.com/

　すなわち，ChatGPT のような大規模言語モデルを組み込んだ自動応答チャット生成系 AI は，人間のように一定の感情や主義/思想をもって会話をしているわけではなく，また，あらかじめ用意された 1 対 1 の Q&A のデータベースのようなものから回答を引き出しているというわけでもない。あくまで，入力された質問に続けた応答として，確率が高い回答を出力しているに過ぎない。

　ただし，常に確率がもっとも高い言葉を続けていった場合には回答の創造性・柔軟性が下がるため，あえて確率はそこまで高くなくても適切な言葉を続けている場合もあると思われる[11]。実際に，ChatGPT でも，全く同じ質問を複数回したとしても，一言一句同じ回答が返ってくるわけではなく，異なる回答が返ってくることになる。

　また，日本語でプロンプトを入力する（質問する）よりも，英語でプロンプトを入力するほうが回答の精度が高いといわれている。これは，学習しているデータが英語のほうが日本語よりも多いため，英語のほうがより精度が高い応答をすることができるためであると考えられる。

　ChatGPT では，プロンプトをうまく書くことにより，回答の精度を向上させることができ，このように回答の精度を上げるためのプロンプトに工夫を加える技術をプロンプト・エンジニアリングという。抽象的にオープンな質問をしたとしても，期待されるような具体的な回答が出ない場合も多く，たとえば，ChatGPT にどのような立場で回答するのかを指定したり，前提情報を与えたり，回答字数や回答する項目の数を指定したりといった様々な工夫をすることでより期待に近い回答を得ることができる可能性が高まる。

## ⑵　ハルシネーション（幻覚）

　上記のような仕組みであるため，ChatGPT は，質問に対して堂々と嘘をつくということが起こり得る。たとえば，ある分野についてのお薦めの書籍を聞

---

11　この点，ChatGPT に関するものではないが，Google Japan Blog の2023年 5 月11日の「Bard が日本語に対応」と題する記事（https://japan.googleblog.com/2023/05/bard.html）のなかで，回答の柔軟性を確保するために，次に来る確率が最も高い単語だけを選んではいないということが説明されていることが参考になる。

いた場合に，存在しない著者の存在しない書籍名をあたかも実際に存在するかのように回答してしまうようなことがある。このように AI が生成する回答が事実に反する場合をハルシネーション（幻覚）と呼ぶ。

GPT-3.5に比べて，GPT-4のほうがハルシネーションは相対的には少ないようであるが，ChatGPT を使うにあっては，このようなハルシネーションの存在を前提とする必要がある。

## (3) 学習している情報の時点の古さ

GPT-3.5も GPT-4も2021年 9 月時点の情報のみしか学習していない。したがって，学習時点以降の最新情報を踏まえない回答がされてしまうという限界があった。

しかし，この限界については，ChatGPT Plus ユーザ向けに，GPT-4で，ウェブサイト検索からの最新情報を取り込んで回答を行う Web ブラウジング機能が β 版として提供されており，この機能を有効にすることにより，最新情報に対応していないという弱点が補われることになる。

また，この Web ブラウジング機能と同時のタイミングで ChatGPT Plus ユーザ向けに，サードパーティ・プラグインも β 版として提供されている。こちらでは，選択したプラグインのサードーパーティの最新のデータを取り込んで ChatGPT 上で会話ができるようになり，例えば，旅行予約の Expedia やレストラン予約の食べログや OpenTable 等のサービスのプラグインを使って，最新のホテル空室情報や予約可能なレストラン情報を取り込み，会話をすることで旅行や会食の計画を立てて，表示されるリンクをクリックして予約をとるといったことも可能になる。

# 3 ChatGPT の利用態様

## (1) 一般向けの ChatGPT の利用

上記の1では，一般向けのサービスである ChatGPT について既に説明した。上記のとおり，一般向けのサービスである ChatGPT には，無料版と有料版の ChatGPT Plus が存在している。無料版・有料版を問わず，デフォルトでは，ChatGPT 上の会話履歴について ChatGPT のモデルの訓練・改善のための機械学習に使われる設定となっているため，これをモデルの訓練・改善のために使われないようにするためには，オプトアウトが必要である[12]。

## (2) API による ChatGPT の利用

### (ア) API の活用方法（一般向けの ChatGPT の違い）

API とは Application Programming Interface（アプリケーション・プログラミング・インターフェース）の略称であり，一般には，アプリケーション・ソフトウェア・ウェブサービス同士をつなぐインターフェイスを指す。

ChatGPT API を使うことにより，利用企業は，ChatGPT を利用した自社独自のサービスを開発することができる。これを自社内部のみで活用することもできるし，外部向けに提供することもでき，すでに，ChatGPT API を使って提供されるサービスも多数登場している。

ChatGPT API は token（トークン）単位の従量課金で有償になっている。トークンとは，大規模限度モデルが処理する言語の単位であり，英語の1文字よりは大きいが，1単語よりは小さい単位である。たとえば，"I have a pen." という文章は，13文字であるが，5トークンになる。日本語の場合の計算はより複

---

12 この点，従前は，ウェブサイト上の Google フォームを使って，オプトアウトのリクエストをする方式のみであったが，仕様変更により，オプトアウトが設定画面でもできるようになった。この設定が導入された段階で，従前 Google フォームを使ったオプトアウトリクエストをしていた場合にも，設定上は，Chat History & Training がオンになっているようにみえるが，OpenAI は，Data Controls FAQ（https://help.openai.com/en/articles/7730893-data-controls-faq）において，従前オプトアウトリクエストをしていればそれが尊重されると説明している。

雑である。このトークンの計算は，OpenAI が提供する，Tokenizer[13]というツールで可能である。

　ChatGPT API を使う場合には，OpenAI は，ユーザが明示的にオプトイン同意しない限り，API を通じてユーザから提出されたデータは，全体のモデルの訓練や改善のために使用されることはないとされている（この場合も，法律でその他の要求がある場合を除いて，API を通じて送信されたデータは，不正使用や誤用監視の目的で最大30日間保持され，その後削除されるものとされている）。ChatGPT API を使う場合には，Data Processing Addendum（DPA/データ処理補遺）を締結することが可能であり，OpenAI はこの DPA に従って，顧客から受領したデータを扱うことになる（API を使わない一般向けサービスについては，この DPA を締結することはできない）。

　OpenAI の DPA は，オンラインの所定のフォーム[14]を埋めることにより，その内容を閲覧した上で締結することができるようになっている。内容としては，欧州の個人情報保護規制である GDPR への対応も意識したようなものとなっており，OpenAI がデータ処理者（データの処理の目的と手段を決めるデータ管理者であるユーザの指示に従う手足のような立場）としてデータを処理し，目的外に使わないことが約束されており，GDPR 上の域外データ移転規制対応のための SCC（標準契約条項）も DPA に組み込まれたものとなっている。

　なお，OpenAI の ChatGPT API と同様に，Microsoft が提供する Azure OpenAI Service[15]を使って GPT を利用することもできる。

　各利用企業は，一般的には，自社内の人材のみならず，外部のシステム開発（支援）企業（パートナー）と連携した上で，以下の(イ)および(ウ)で説明するようなファインチューニングやプロンプト・エンジニアリング（プロンプト・デザイン）といった手法で使い勝手の良い自社独自の GPT/ChatGPT ベースのサービスを社内外向けに開発・提供していくことが想定され，こうしたパート

---

13　https://platform.openai.com/tokenizer
14　https://ironcladapp.com/public-launch/63ffefa2bed6885f4536d0fe
15　https://azure.microsoft.com/ja-jp/products/cognitive-services/openai-service

ナーとの契約内容も実務上検討が必要である。

### (イ)　ファインチューニング

　APIで GPT を活用する際の方法の１つとして，ファインチューニングがある。現時点では，ファインチューニングが可能になっているのは，GPT-3のみであり，GPT-3.5および GPT-4を搭載した ChatGPT 自体はファインチューニングはできない。GPT-3.5および GPT-4を搭載した最新の ChatGPT を活用したい場合には，以下の(ウ)のプロンプト・エンジニアリング（プロンプト・デザイン）の手法を使うことになる。ファインチューニングとは，ユーザが持つデータを用い，GPT を特定のタスクに適応させていく学習方法である。

　利用企業は，このファインチューニングを使うことにより，自社が利用権限を有する様々なデータを学習データとして取り込んで，自社向けのモデルを微調整（開発）し，GPT を利用した独自のサービスを社内外に提供することが可能になる。多くの一般企業にとって，自社で独自の大規模言語モデルを開発することは費用・人員・時間的観点で現実的ではないが，このファインチューニングを用いることで，開発済の大規模言語モデルである GPT を微調整することで自社向けのモデルを開発することができる。

### (ウ)　プロンプト・エンジニアリング（プロンプト・デザイン）

　ChatGPT API を活用する際の別の方法として，プロンプト・エンジニアリング（プロンプト・デザイン）がある。これは，回答の精度を上げるためのプロンプトに工夫を加える技術である。

　たとえば，利用企業は，ChatGPT の回答の前提として，自社が利用権限を有する様々なデータをプロンプトに取り込むことができる。これにより，ChatGPT がオープンに回答を生成するのではなく，自社が提供しようとしているサービスのために有益なデータを前提とした回答が生成されるため，回答の精度を向上させることができる。

　これは，2 の(3)で紹介した ChatGPT Plus ユーザ向けの Web ブラウジング機能やサードパーティ・プラグインで，最新のウェブ検索結果や特定のサードパーティのデータを取り込むためにも用いられている手法であり，これにより，

最新のより関連性の高いデータを前提とした回答を得ることができるようになる。

# 4 ChatGPTの特徴を踏まえた，利用にあたっての論点

　ChatGPT等の生成系AIは非常に便利なものであるが，その開発・利用をめぐっては様々な法的・倫理的な論点が存在する。詳細は，本書の他章に譲ることとし，網羅的ではないが，上記の1～3で論じてきたChatGPT等の生成系AIの特徴を踏まえて，以下に導入として，簡潔に概説しておく。

## (1)　生成系AIの開発企業に関する論点

　本書は，主として，ChatGPTの利用企業向けの書籍であることから詳細には立ち入らない。

　生成系AIの開発にあたっては，大量のビッグデータをスクレーピング（Webサイトから特定の情報を自動的に集めてくる技術）等により集めて入力して学習することになり，この入力にあたって，著作権法や個人情報保護法等との関係性が法的に問題となり，その法的根拠が論点になる。

　また，学習または入力されたデータの安全管理（セキュリティ）の確保も生成系AIの開発企業にとっては重要な課題である。

　さらに，出力段階では，学習されたビッグデータに内在するバイアスが，生成系AIの出力段階で再現されてしまう可能性があること（例えば，差別発言を含むコンテンツを大量に学習することにより，自動応答チャット生成系AIが，差別発言をしてしまうなど）や違法行為を助長するような発言（例えば，爆弾の作り方を説明してしまうなど）をしてしまう可能性があること等が論点となる。

　以上に加えて，世界的にみると，生成系AIを含めたAIに広く規制をかけ

る特別法を制定する動き，競争法の枠組みで規制をかける動き，法令ではないもののガイドライン等により一定の自主的な規制を促す動き等があり，注目されるところである。

## (2)　生成系 AI の利用企業に関する論点

### (ア)　入力段階の論点

　生成系 AI の利用にあたっては，まず，上記の 3 の(2)(イ)で前述したようなファインチューニングのために入力するデータやプロンプトに入力するデータ（上記の 3 の(2)(ウ)で前述したようなプロンプトデザインで入力するデータを含む）の入力にあたっての論点がある。上記(1)の AI 開発段階の問題と同様，著作物を入力することによる著作権法との関係や利用企業にとって個人情報になるような情報を入力する場合の個人情報の利用目的適合性との関係や個人データになるようなデータを入力することによる個人情報保護法等との関係等が論点となる。また，利用企業が第三者と機密とすることを合意した機密情報や不正競争防止法上の営業秘密を入力することによる，機密保持義務違反や営業秘密該当性の喪失等も論点となる。

### (イ)　出力段階の論点

　出力段階では，例えば，著作権法との関係では，利用企業が生成系 AI により出力したコンテンツに著作物が含まれていた場合に，著作権がそもそも発生するのか・発生するとして誰に発生するのかや，他人の著作権侵害が生じないか等が問題となる。また，たとえば，ChatGPT を API で利用したサービスを外部向けに提供していた場合に，出力された発言にプライバシー権侵害や名誉毀損等になるような発言が含まれていた場合や不適切な差別発言やハルシネーション（上記 2 の(2)参照）による誤った発言をした場合の法的・倫理的責任等も問題となる。

　法的・倫理的にクリアにできない問題点への対処としては，プロンプトを制御して，問題発言が引き出されるような質問自体をそもそも制御する仕組みを導入したり，あるいは，強化学習により，出力段階でこうした内容が出力され

ないようにコントロールすることが考えられるが，特に後者は，一般的な利用企業レベルでは限界が多い上，前者・後者ともに，結局のところ，プロンプトの工夫によりこのような制御をかいくぐられてしまう可能性があり，いたちごっこが続く面はあるとは言えるかもしれない。

㈑　業法等や利用規約との抵触の問題

　さらに，免許・資格等が必要な特定の業種の業務を自動化するような生成系AIを提供した場合（とりわけ有償で提供した場合）には，業法（弁護士法等）との抵触等も問題となる。

　さらに，ChatGPT等の生成系AIの利用規約を遵守する必要があり，そこで禁止されている行為に抵触しないことや要求されている行為を守ることが必要になる。ChatGPTの場合，まず，一般的なルールとして，Terms of Use[16]が存在している。その他にも，Usage policies[17]で用途の制限が定められており，Sharing & publication policy[18]で利用時における表示の規制（AI生成物であることを示すことや人間とAIの合作である場合に，100%AIや人間が作ったものと誤解を与えるような表示をせず，その役割を説明すること）等が要求されている。さらに，Brand guidelines[19]も定められているため，これらに違反が生じないように留意が必要である。なお，上記の脚注12で紹介したData Controls FAQ[20]も，OpenAIによるデータの利用に関するFAQが定められており，重要である。

---

16　https://openai.com/policies/terms-of-use
17　https://openai.com/policies/usage-policies
18　https://openai.com/policies/sharing-publication-policy
19　https://openai.com/brand
20　https://help.openai.com/en/articles/7730893-data-controls-faq

# 第 2 章

# ChatGPT でできること【活用例】

弁護士法人モノリス法律事務所　代表弁護士　**河瀬　季**

　ChatGPT の仕組みに関する詳細は前章を参照していただくこととし，本章では，実際に ChatGPT を使って何ができるのかということについて，具体的な活用例をいくつか紹介するとともに，それぞれの活用場面において留意すべき法的問題について論じる。

## 1 ChatGPT の「活用」の意義

　一般的に，ChatGPT のような大規模言語モデルの活用を考える場合，以下のとおり，大きくは 3 つの活用場面が存在するものとされている[1]。

---

① 　大規模言語モデルを自ら開発する
② 　既存の大規模言語モデルの API を用いて独自のモデル・サービスを開発する
③ 　エンドユーザーとして既存の大規模言語モデルを利用する

---

　いずれの活用場面を想定するかによって，想定する活用例や法的問題に関する検討の視点が異なってくるものと考えられる。もっとも，本書は，あくまで ChatGPT という既存の大規模言語モデルの活用に焦点を当てるものであることから，上記②および③の活用場面を想定して，以下解説する。

---

1　松尾豊「AI の進化と日本の戦略」（2023 年 2 月 17 日）参照。

# 2 ▏ChatGPTの概要

　ここでは，実際にChatGPTを利用することでどのようなことができるのか
を確認する。

## (1)　利用方法

　ChatGPTは，アカウント登録をするだけで利用可能であり，何ら複雑な手
続等はない。アカウント登録をした後は，ログインして，表示されたチャット
画面に質問・命令等（以下，「プロンプト」という）を入力するのみである。

　では，実際に利用してみよう。試しに，ChatGPT自身に「ChatGPTの概要」
について質問してみると，【図表2－1】のような回答が返ってきた。

　このように，プロンプトを入力すると，会話形式で回答を自動で生成してく
れる。また，プロンプトを入力する際は，【図表2－1】のように，表現レベ
ルや文字数，出力形式（箇条書きなど）等の様々な条件を付けることができ，
当該条件に応じた回答が生成される。さらに，当該回答に続けて，修正してほ
しい箇所があれば，従前の条件を引き継いだまま，該当箇所だけを修正するこ
とも可能である。例えば，後述するようにChatGPTは文章の要約作成が得意
であるが，「要約を作成してください」といった指示に対して，短すぎる要約
を生成することもある。そうした場合には，「ごめんなさい，もっと長い文章

**【図表2－1】ChatGPTの概要についての回答**

ChatGPTの概要について、ITにあまり詳しくない方に向けて、100字程度で説明してください。

ChatGPTは、人工知能（AI）技術を使用した文章生成ツールです。OpenAIが開発したGPT-4に基づいており、自然な文章を作成できます。質問に答えたり、アイデアを提案することができ、さまざまな用途に利用できます。

を作成してください」とだけ指示を出せば，要約元文章を再度入力する必要などはなく，先ほど入力した文章の，長い要約が生成される。

　そして，質問や修正を繰り返すことで，ChatGPT はさらに学習し，より適切な回答が生成されやすくなる。ただし，必ずしもユーザーの意図どおりの回答が生成されるとは限らず，プロンプトの入力方法や内容によって，生成結果には大きな差が生まれる。このように，いかに性能を発揮できるのかが人間の手に依拠しているという点は，ChatGPT の大きな特徴の1つである。

### (2)　無料版と有料版の違い

　ChatGPT は，無料で利用することも可能であるが，ChatGPT Plus という有料版を利用すると，GPT-4というより高性能な AI を搭載した最新モデルを利用することが可能となる。GPT-4は，無料版に搭載されている GPT-3.5と比較すると，テキストデータだけでなく画像データでの入力にも対応しており，例えば，画像の内容を説明することなども可能となっている。さらに，推論や処理の能力も強力になっており，より多くの場面で活用することができる。

## 3　｜　活用のための視点

　では，どのような場面で活用できるのか。ChatGPT を有効に活用するためには，その特性を正しく理解した上で，合目的的な手段として選択する必要がある。そのため，以下では，ChatGPT の特性や，それを踏まえた活用上の留意点について，解説する。

### (1)　生成系 AI の特性

　ChatGPT の技術の核心は，生成系 AI（Generative AI）の一種である GPT（Generative Pre-trained Transformer の略称）にある。一般論として，従来の AI は，学習用データからタスクに適合する情報を「抽出」し，その結果を

アウトプットしているだけであるのに対して，生成系AIは，学習用データを
もとに，アウトプットを新たに「生成」しているという点に大きな特徴がある。

　このような特徴から，生成系AIには，学習用データの制約を受けずに独自
の表現やアイディアを生成することができるというメリットがあるが，他面，
出力結果のクオリティをコントロールすることが難しいというデメリットもあ
る。他方で，従来のAIであれば，学習用データのクオリティをコントロール
しさえすれば，出力結果の正確性をある程度は担保することができる。

　また，生成系AIは，文章や画像，音声，3Dモデルなど，生成できるコン
テンツは様々であるが，このうちGPTは，文章生成等の自然言語処理に特化
した生成系AI（大規模言語モデル）であり，質問への回答や文章の要約，テ
キストデータの分類や特定の情報の抽出といった自然言語処理タスクに適して
いる。その上で，ChatGPTは，ユーザーとの「対話」という特定の目的のた
めにGPTを調整（ファインチューニング）したモデルであり，上記のような
自然言語処理タスクに対して，対話形式で回答が返ってくるというのも，活用
の上では重要な視点の1つであろう。

## ⑵　活用の目的・効果

　また，どのような目的でChatGPTを活用するのかという観点も重要である。

　一般論としては，ChatGPTを活用することにより，「作業の効率化・高品質
化」と「コストの削減」といった効果が得られるものと考えられている。例え
ば，テキストデータの要約や分類，抽出などといった機械的な作業を
ChatGPTに代替させることによる作業の効率化は，多くの場面において有用
であることは疑いない。そればかりではなく，ChatGPTにアイディアを出し
てもらうことにより，人間が考えるよりも早く，そしてより多くのアイディア
に基づく成果を出すことができ，成果物の品質の向上につながることも期待で
きる。上記のような機械的な作業やアイディア出しには，通常，人手を要する
ため，これらをChatGPTが代替できるとすれば，大幅なコストの削減にもつ
ながる。

　しかし，上記のような効果を最大限に得るためには，単に「便利だから」というだけでなく，自身または自社には現状どのような課題があるのかを明確にした上で，当該課題が ChatGPT を活用することにより本当に解決可能であるのかということを，慎重に検討すべきであろう。

## ⑶　活用上の留意点

　ChatGPT は，決して万能ではなく，以下のような限界がある。活用方法を考えるにあたっては，このような点にも留意する必要があるだろう。

### ㋐　最新の情報が反映されていない点

　ChatGPT は，学習期間内（2021年9月まで）のデータをもとに文章を生成している。そのため，生成される文章には，最新の情報が反映されていない場合がある[2]。したがって，ChatGPT を活用する場合には，入力する情報が，学習期間内であることが明らかであるか，もしくは学習期間にかかわらない普遍的なものであることが望ましい。

### ㋑　生成結果の正確性は担保されない点

　GPT は，自然言語処理タスクに特化した生成系 AI であるところ，生成される回答は，学習用データをもとに，確率的・統計的に見て「それらしい」ものにすぎない。つまり，生成結果が必ずしも正確である保証はない。そのため，特に重要な判断や専門的な知識を必要とする場面では，ChatGPT の回答のみを根拠とするべきではなく，専門家の意見や信頼性の高い情報源を参照するなど，AI の生成結果を人間が事後的に確認・検証することが求められる。

### ㋒　セキュリティ対策の必要性

　ChatGPT の利用にあたっては，個人情報や機密情報の取扱いに十分注意する必要がある。ChatGPT に入力した内容は，学習用データとして取り込まれ，一定期間保存されてしまうおそれがある。したがって，特に個人情報や機密情

---

　2　なお，本書執筆時点では，ベータ版ではあるものの，有料版の ChatGPT Plus において，Webブラウジング機能とサードパーティプラグインが提供されることが発表されており，これによりChatGPT からリアルタイム情報にアクセスすることが可能となる。この限りで，かかる欠点は克服されているものといえる。

報については細心の注意を払う必要があり，企業で活用する場合には，しっかりとしたセキュリティ対策を講じることが重要である。


# 4 ┃ ChatGPT の活用例

　以上をもとに，ChatGPT の具体的な活用例を紹介する。また，それぞれの活用場面において気をつけるべき法的問題についても若干解説する（法的問題に関する詳細な解説は，他の章を参照されたい）。

## (1)　活用例①：カスタマーサービスへの活用
　「対話」に特化している ChatGPT の特性に鑑みれば，カスタマーサービスへの活用は，最も有効な活用例の1つである。

### ㋐　具体例
　具体的には，以下のような活用方法が考えられる。

---

①　メールの要約や返信案の作成
②　チャットボット
③　電話対応

---

### ①　メールの要約や返信案の作成
　カスタマーサービスには，効率的かつ迅速な対応が求められるところ，これを実現するためには，従来，多くの人的資源が必要とされてきた。特に，顧客からのメール内容を理解し，適切な返信案を作成するといった顧客対応は，業種にかかわらず，日常的な業務の中でも多くの時間と労力を要する作業である。
　ChatGPT を活用することで，これらの作業をすべて AI に任せることができるとすれば，大幅な業務の効率化とコストの削減を実現できる。

　もっとも，ChatGPT が作成した返信案を最終的に確認・修正して送信をするのは人間であることがほとんどであろうことから，コストの削減という観点からは，一定程度限定的にならざるを得ない。ただし，チャットボットとして活用することができるのであれば，話は別である。

② 　チャットボット

　近年では，顧客対応の初動や簡易的な Q&A などに，AI を搭載したチャットボットを利用する例も多く見受けられるようになったが，顧客対応の初動から完結まで一貫して AI に委ねる例はほとんどなかったように思われる。また，入力される質問文のちょっとした表記揺れなどで AI が文意を理解できなくなり，回答を行うことができなくなってしまう例も多かった。また，「一定のキーワードが含まれる場合にこうした回答を行う」といった設計の AI が多かったため，例えば，パソコンのカスタマーサービスで，Windows が強制的に再起動されてしまうという問題への回答を行う AI は，質問文の中に「再起動」といったキーワードが含まれていないと回答を行うことができず，質問者が自然言語的に「突然落ちて起動ロゴ画面に戻ってしまう」などと記載した場合に，その意味内容を理解できず，望ましい回答を行うことができない，といった問題を抱えていた。しかし，ChatGPT であれば，一貫した AI による返答を，表記揺れや自然言語的な表現などにも対応しながら行うことも十分に考えられ，これにより業務の効率化とコストの削減が最大限に実現可能である。

③ 　電話対応

　さらに，ChatGPT は文章生成 AI ではあるが，音声認識・合成に特化した他の AI との組み合わせも期待されている。相手が喋った文章を，音声認識で正確にテキストデータ化させることができれば，「そのように音声認識で生成されたテキストデータ」を ChatGPT に渡すことで，回答文章を生成させることができる。これに，さらに音声生成のシステムを組み合わせれば，メールだけでなく，将来的には電話による音声対応にも ChatGPT を活用することが可能かもしれない。

### (イ)　法的問題

　メールやチャットボットに入力される内容には，しばしば個人情報や機密情報が含まれることも想定されるところ，ChatGPTに入力した内容に個人情報が含まれる場合，当該入力行為は個人情報の利用に該当するため，個人情報保護法上の規制に服することになる[3]。

### ①　利用目的

　個人情報取扱事業者は，個人情報を利用するにあたり，できる限り利用目的を特定（個人情報保護法17条）し，当該利用目的の範囲を超えて利用することが禁止（同法18条）されている。また，個人情報を取得する場合には，事前に利用目的を公表するか，または，取得後速やかに，本人に通知し，もしくは公表する義務（同法21条）を負っている。

　したがって，企業がChatGPTに個人情報を入力する際には，利用目的に関するプライバシーポリシー等の従前の記載で対応可能であるか否かを検討し，変更が必要な場合は，記載を工夫するなどといった対応が求められる。

### ②　第三者提供の制限

　上記入力行為が第三者提供（同法27条および28条）に該当する場合，あらかじめ本人の同意を得なければならないなど，企業にとっては大きな負担を強いられることになる[4]ため，上記入力行為が第三者提供に該当するか否かは，重要な問題である。

　この点，「提供」とは，個人データ等を自己以外の者が利用可能な状態に置くこと[5]をいうとされており，例えばクラウドサービスにおいては，「クラウドサービス提供事業者が，当該個人データを取り扱わないこととなっている場合」，典型的には，「契約条項によって当該外部事業者がサーバに保存された個人データを取り扱わない旨が定められており，適切にアクセス制御を行ってい

---

　3　その他，機密情報が含まれる場合には不正競争防止法上の不正競争行為（特に同法2条1項7号）に該当する可能性や，個別契約に基づく秘密保持義務等に違反する可能性がある点にも留意する必要がある。

　4　OpenAI社は米国法人であるから，外国にある第三者への提供の制限（個人情報保護法28条）に関する規制をクリアする必要がある。

　5　個人情報保護法ガイドライン（通則編）2-17。

る場合等」には，「提供」に該当しないものとされている[6]。

　OpenAI 社の利用規約[7]によれば，API 経由で受信したコンテンツ（API コンテンツ）についてはサービス開発改善のために利用しないが，API 以外経由で受信したコンテンツ（非 API コンテンツ）についてはサービス開発改善のために利用する（別途オプトアウトの申請は可能である）旨が定められている。

　そうすると，ChatGPT API を利用して独自のサービスやコンテンツを開発する場合，上記入力行為は「提供」には該当しないが，エンドユーザーとして ChatGPT を利用する場合には（オプトアウトの申請をしない限り基本的には）上記入力行為は「提供」に該当することになると考えられる[8]。

　しかし他方で，API データ利用ポリシー（API data usage policies[9]）において，「不正使用や悪用を監視する目的」に限っては，OpenAI 社は個人データにアクセスする可能性がある旨が留保されている点に鑑みると，API コンテンツであるか否か，また，オプトアウトの申請をするか否かにかかわらず，「提供」に該当すると解する余地がある。

　以上を踏まえると，現状，ChatGPT を利用する企業としては，ChatGPT に個人情報を入力する行為は基本的に第三者提供に該当すると解した上で，従業員等が ChatGPT に個人情報を入力しないよう，セキュリティ体制を構築しておくことが重要であると考えられる。

## ⑵　活用例②：コンテンツ制作への活用

　新たにアイディアを生成することを得意とする生成系 AI の一種である ChatGPT の特性に鑑みれば，コンテンツ制作における活用も有効である。

---

6　個人情報保護法ガイドライン Q&A7-53。
7　https://openai.com/policies/terms-of-use（2023年 5 月18日参照）。
8　なお，本書執筆時点では，非 API コンテンツであっても，設定でトレーニングをオフにすることにより，入力されたデータをモデルの改善のために利用させないようにすることができる旨が公表されている。
9　https://openai.com/policies/api-data-usage-policies（2023年 5 月18日参照）。

## ㋐　具体例

具体的には，以下のような活用例が考えられる。

---

① Web記事や広告コピー等の制作
② 文学作品の創作
③ アプリ開発（プログラミング）

---

### ①　Web記事や広告コピー等の制作

プレスリリースやオウンドメディア等のWeb記事や広告におけるキャッチコピーの制作は，企業のマーケティングにおいて極めて重要であり，莫大なコストが投下されていることが多い。もっとも，必ずしも相応の費用対効果が得られるとも限らず，効率化が重要な作業でもある。

この点，ChatGPTを活用することで，テーマやターゲット層，文字数等を指定することで，それに応じたタイトルや見出し，キャッチコピー等のアイディアを迅速に，かつ複数生成することができ，大幅な業務の効率化とコストの削減が期待できる。

さらに，画像生成AIと組み合わせることで，ポスター広告をデザインすることも可能だろう。このように，クリエイティブな作業における新たなアイディアの源泉としての活用方法は，生成系AIの最も有効な活用例の1つである。

また，ChatGPTは，前述のように，「それらしい」文章の生成が得意である。テーマや段落構造などを指定すれば，ライターに依頼せずとも，ChatGPTが「それらしい」文章を作ってくれる，といった活用方法も注目されている。ネット上に十分な情報が存在するテーマであれば，ライターに依頼せずとも，ChatGPTが「それらしい」Web記事を書いてくれる，という具合だ。

例えば【図表2-2】は，「RPAの重要性や，企業におけるRPA化について」といった，ある意味，ネット上にすでに多くの記事が存在するようなテーマに

## 【図表 2 － 2】 RPA に関する回答

　RPAの重要性と、企業がRPA化に取り組む際に必要な心構えに関して解説してください。

RPA（ロボティック・プロセス・オートメーション）は、企業の業務プロセスを自動化するための技術であり、現在では多くの企業がRPA化に取り組んでいます。RPA化には、多くのメリットがあります。例えば、業務の効率化や生産性の向上、人的ミスの削減、作業の標準化や自動化、コスト削減などが挙げられます。また、RPAは従来のITシステムとの親和性が高く、容易に導入できる点も魅力的です。

しかし、RPA化に取り組む際には、いくつかの心構えが必要です。まず、RPA化には一定の投資が必要となります。そのため、長期的な視点で、ROI（投資利益率）を見据えたプランニングが必要です。また、RPAは従業員の仕事の一部を自動化するため、従業員の役割や職務が変わることがあります。そのため、RPA化による影響を評価し、社員の意見を聞きながら、適切にコミュニケーションを取ることが必要です。

さらに、RPAの導入には、ビジネスプロセスの改善が必要となります。RPA化の前に、現在の業務プロセスを徹底的に分析し、改善することで、RPA化の効果を最大限に引き出すことができます。また、RPA化は一度導入すれば自動化が継続されますが、業務プロセスの変更や追加などがある場合には、RPAも適宜改修する必要があります。そのため、RPAの管理体制を整備し、継続的な改善を行うことが必要です。

以上のように、RPA化には多くのメリットがありますが、一定の心構えが必要です。ビジネスプロセスの改善、社員へのコミュニケーション、長期的なROIの見据え、RPAの継続的な改善など、多角的な視点を持ち、継続的に取り組むことが重要です。RPAを活用することで、企業の業務プロセスの自動化や効率化が

関して，「それらしい」Web 記事を書かせてみた結果である。

② 文学作品の創作

　ChatGPT は様々なタイプの文章を学習していることから，小説や詩等の文学作品を創作することも可能である。ただし，長編の小説などを ChatGPT のみで創作することは現実的ではなく，設定やプロット等のアイディアを出してもらうという限度での活用が有効である。

③ アプリ開発（プログラミング）

　ChatGPT は，自然言語処理タスクに最適化されているが，プログラミング言語を自然言語に変換し，また，自然言語からプログミング言語を生成することできるため，アプリ開発等のプログラミング業務における活用も考えられる。

　もっとも，サービスやアプリ等のプログラミングのすべてを ChatGPT で完結できるほどのレベルではなく，ジャンケン等の簡易的なシステムのコードを生成できるにすぎない。そのため，プログラミング業務においては，既存コードのレビューやドキュメントの作成において活用するというのが現状有効な活用方法であろう。

### (イ)　法的問題

　生成系 AI を利用したコンテンツ制作において気をつけなければならないのは，やはり著作権に関する問題である。

　問題は，主に以下の 4 点である[10]。

---

① 　AI を利用した生成物（以下「AI 生成物」という）の著作物性
② 　AI 生成物の著作権の帰属主体
③ 　プロンプトに他者の著作物を入力する行為の著作権侵害の成否
④ 　他者の著作物と同一または類似する AI 生成物を利用する行為の著作権侵害の成否

---

### ①　AI 生成物の著作物性

　仮に AI 生成物に著作物性が認められないとすれば，例えば，ChatGPT を利用していくら魅力的なコンテンツを制作したとしても，それらには著作権が発生せず，他者によるフリーライドを許すことになりかねないため，AI 生成物に著作物性が認められるかは極めて重要な問題である。この点，AI 生成物に著作物性が認められるか否かは，一般的に，人間が AI を道具として利用したにすぎないのか否か，具体的には，人間の「創作意図」と「創作的寄与」の程度によって判断されるものと考えられている[11]。

---

10　なお，ここではエンドユーザーとして生成系 AI を利用する場合の問題点に焦点を当てることとし，API を利用して生成系 AI に再学習等をさせる場合の問題点については，紙幅の関係で省くこととする。
11　新たな情報財検討委員会「新たな情報財検討委員会報告書」（平成29年 3 月）26頁。

　どの程度の創作的寄与があれば著作物性が認められるかは明らかではなく，ケースバイケースではあるものの，単に「○○風の文章を生成せよ」といった抽象的な指示では足りず，抽出すべきデータの選択等において相当程度具体性のある指示が必要であると考えられる。なお，特に推論能力が高い ChatGPT においては，仮に相当程度具体性のあるプロンプトを入力した場合であっても，人間の創作的寄与が否定される可能性も否定できない。

　このように考えると，AI 生成物に著作物性を認めるためには，AI 生成物をそのまま利用するのではなく，AI 生成物の全部または一部を利用して編集するといった人間による明確な創作行為を介在させるべきであろう[12]。

　このような観点から，コンテンツ制作において ChatGPT を活用する場合には，あくまで表現の一部，またはアイディアの源泉としての活用にとどめるのが適切である。

②　AI 生成物の著作権の帰属主体

　AI 生成物に著作物性が認められるとしても，著作権がユーザーに帰属しなければ，AI 生成物をユーザーが自由に利用することができないため，誰に AI 生成物の著作権が帰属するかも重要な問題である。

　もっとも，この点に関しては，OpenAI 社の利用規約において，出力結果の権利はユーザーに帰属すること，かつ，商業利用が可能であることが明記されている。

　したがって，仮に第三者が，ユーザーが ChatGPT を利用して生成したコンテンツの複製等を行った場合，ユーザー自身が著作権侵害を主張することが可能である。

③　プロンプトに他者の著作物を入力する行為の著作権侵害の成否

　プロンプトに他者の著作物が含まれている場合，法的には入力行為自体が「複製」に当たるが，個人が「私的使用」を目的とする場合（著作権法30条）には，著作権侵害とならない。他方で，企業が営利のために上記行為を行う場

---

12　古川直裕ほか編著『Q&A AI の法務と倫理』（中央経済社，2021年）430頁［渡邊道生穂］。

合には，同条は適用されないものの，「その他の当該著作物に表現された思想又は感情を自ら享受し又は他人に享受させることを目的としない場合」（同法30条の4柱書）には，著作権侵害とならない。ただし，この場合でも，「著作権者の利益を不当に害する場合」（同条但書）には，同条は適用されないため，注意が必要である。

④　他者の著作物と同一または類似するAI生成物を利用する行為の著作権侵害の成否

　プロンプトに他者の著作物が含まれていないとしても，出力結果が他者の著作物と同一または類似である場合は，十分に想定され得る。この場合，著作権侵害の要件のうち「依拠性」が認められるかが問題となる。

　依拠性は，「依拠していない限りこれほど類似していることは経験則上あり得ない」[13]と言えるか否かにより判断されるところ，たとえプロンプトに他者の著作物そのものは入力していなくとも，特定の作家の氏名や画像等を入力していた場合には，依拠性が認められる。

　問題なのは，プロンプトに特定の作家の氏名や画像等を入力していないものの，学習用データに当該他者の著作物が含まれていた場合である。この場合に依拠性を認めるか否かについては，学習済みのパラメータであっても著作物たる表現と見るのか（依拠性肯定），単なる数字でしかないと見るのか（依拠性否定）という観点から，専門家の間でも見解が分かれている。

　仮に依拠性が認められてしまう場合，ユーザーとしては，知らないうちに著作権侵害を犯してしまうことになりかねず，安心して生成系AIを利用できなくなってしまう。この点に関しては，過失を認定するにあたり，ユーザーにどの程度の注意義務を認めるかという問題と密接に関連する問題であるものの，少々立ち入った議論になるため，ここでは問題の所在を指摘するにとどめておく。

---

13　中山信弘『著作権法（第3版）』（有斐閣，2020年）714頁。

## ⑶　活用例③：コンサルティング業務への活用

　高度な自然言語処理が可能な ChatGPT は，問題発見や解決のための戦略の立案・提言を行うコンサルティング業務への活用にも適している。

### ㋐　具体例

　具体的には，以下のような活用例が考えられる。

---

① 　データ分析・予測
② 　レポート作成
③ 　戦略の立案・提言

---

### ①　データ分析・予測

　ChatGPT は，大量のデータを迅速に処理することが可能であるとともに，人間が見逃すかもしれないパターンやトレンドを発見することも期待できる。また，主観的なバイアスを排除した客観的なデータ分析・予測を得られるという利点もある。

### ②　レポート作成

　前述のとおり，ChatGPT の出力結果は，表現レベルや出力形式等の条件付けを行うことができることから，クライアントの要求やレポートの内容に応じて，フォーマット等をカスタマイズすることも可能である。

### ③　戦略の立案・提言

　ChatGPT は特定の分野に限られない様々な分野のデータを学習していることから，従来の方法では見つけにくい新たな解決策やアイディアの発見につながる可能性がある。例えば「法律事務所向けの」「DX 支援」など，複数のキーワードを渡して，それら複数のキーワードから連想されるような新規事業のアイディアを出させる，といった活用方法が考えられるだろう。

　ChatGPT が生成するのは，あくまで「それらしい」回答であるため，例えば「弁護士の新規事業」「DX 支援の新規事業」といった，単一キーワードで

## 【図表2-3】キーワードによるアイディア出し

 法律事務所に対してDX支援を行う新規事業のアイディアを出してください。

デジタルトランスフォーメーション（DX）を支援する新規事業アイディアとして、以下の5つの提案を行います。

1. AI搭載法律事務管理システムの開発と導入支援
   法律事務所の業務効率を向上させるためのAI搭載法律事務管理システムを開発し、導入支援を行います。このシステムは、書類の自動整理やスケジュール管理、案件の進捗管理、報告書作成など、業務の多くの部分を効率化することができます。
2. 電子契約プラットフォームの提供
   法律事務所に電子契約プラットフォームを提供し、契約書の作成、電子署名、保管まで一括で行えるサービスを開発します。これにより、紙ベースの契約手続きから電子化されたプロセスへ移行でき、効率向上やコスト削減につながります。
3. オンラインコンサルテーションサービス
   法律事務所向けのオンラインコンサルテーションサービスを提供します。このサービスでは、専門家がリアルタイムで法律相談を行うオンラインプラットフォームを開発し、顧客と法律事務所が手軽にコミュニケーションを取れる環境を整えます。
4. 法律関連データ分析サービス
   大量の法律関連データをAIを活用して分析し、法律事務所が有益な情報を得られるサービスを提供します。これにより、法律事務所は市場動向や競合分析、戦略的意思決定に役立つデータにアクセスすることができます。
5. 法律教育プラットフォームの提供
   法律事務所のスタッフ向けに、法律知識やデジタルスキルを向上させるためのオンライン教育プラットフォームを提供します。最新の法律動向やテクノロジーに関する情報を効率的に学習し、スキルアップが可能です。

の指定では，すでにネット上に存在するような情報が返されることになるが，複数キーワードを指定すると，それら複数のキーワードとの関係で「それらしい」回答が得られるため，思考の手助けになるケースがある。

(ｲ)　法的問題

　コンサルティング業務にChatGPTを活用するにあたり，これを一般的に規律する法令等はないものの，特に，法律や会計・医療等の業法が存在する専門領域については，特に注意する必要がある。

　例えば，法律に関する領域であれば，AIによる法律相談チャットや契約書レビューといったサービスへの活用方法が考えられるが，これらは弁護士法72

条との抵触が問題となり得る。

> 【弁護士法第72条】
> 　弁護士又は弁護士法人でない者は，報酬を得る目的で訴訟事件，非訟事件及び審査請求，再調査の請求，再審査請求等行政庁に対する不服申立事件その他一般の法律事件に関して鑑定，代理，仲裁若しくは和解その他の法律事務を取り扱い，又はこれらの周旋をすることを業とすることができない。ただし，この法律又は他の法律に別段の定めがある場合は，この限りでない。

　法律相談は「法律事務」に，契約書レビューは「鑑定」にそれぞれ該当する可能性が高い。したがって，この問題に関しては，「弁護士または弁護士法人が，自身の業務の補助として AI を利用する場合」と，「弁護士または弁護士法人以外の者が，AI を利用した上記のようなサービスを提供した場合」とを，分けて考える必要がある。

　まず，「弁護士または弁護士法人が，自身の業務の補助として AI を利用する場合」，その行為自体は適法である。しかし，利用規約や職業倫理上の問題は，存在する。利用規約上の問題としては，後述するように，法律，金融，医療などの専門領域においては，ChatGPT の出力結果を唯一の根拠とすることが禁止されており，必ず有資格者による確認・検討が必要である旨が定められている。また，そもそも，専門家が判断や分析を行わず，ChatGPT の回答を「そのまま」流用することは，職業倫理上も，問題があると言えるだろう。

　次に，「弁護士または弁護士法人以外の者が，AI を利用した上記のようなサービスを提供した場合」は，その行為が有償であり，「報酬を得る目的」があれば，弁護士法72条に違反するものと考えられる。では，「報酬を得る目的」がない場合，つまり無料のサービスであれば違反しないのか。少なくとも形式的には，同条に違反しない可能性がある。しかし，当該サービス自体が無料であっても，そのサービスを「呼び水」にして，クロスセル商材を有料で販売し

ようとする場合には，例えば，隣接士業が「相続相談会」を開催し，相続に関する法律相談それ自体を「無料」で受けながら，当該資格で適法に受任可能な業務部分（のみ）を有料で受任するようなケースと同質の問題を抱えることになるとも考えられる。こうした点については，明確なレギュレーションの設定が望ましいのではないだろうか。

　とはいえ，法律上は適法であっても，AI を利用したサービスには，利用規約上，特別の制限がある場合が多く，また，AI 倫理に関する問題も考慮する必要がある。

　AI 倫理に関する問題の詳細は次章を参照していただくことし，本章では，最後に，ChatGPT の規約上の留意点について若干の指摘をしておくこととする。

# 5 ｜ 規約上の留意点[14]

　OpenAI 社の各種規約上，ChatGPT を活用するにあたり特に留意すべき項目について，以下列挙する。

## ⑴　規約の構造

　まず，規約の構造についてであるが，ChatGPT に限らず，OpenAI 社が提供するその他のサービスにも共通する規約として Terms of Use が存在し，その下位規範として，個別の規約やポリシー等のドキュメントが存在する構造となっている。

## ⑵　禁止された利用態様

　Usage Policies[15]では，以下の目的で ChatGPT を利用することが禁止されて

---

14　なお，各種規約はすべて，2023年 5 月18日時点のものを参照しており，以後変更・修正されている可能性がある点には留意されたい。

15　https://openai.com/policies/usage-policies（2023年 5 月18日参照）。

いる。

- 違法行為
- 児童の性的虐待の素材，または児童を搾取または害するコンテンツ
- 憎悪，嫌がらせ，または暴力的なコンテンツの生成
- マルウェアの生成
- コンピュータシステムを妨害，損傷，または不正アクセスするように設計されたコードを生成しようとするコンテンツ
- 身体的危害のリスクが高い活動
- 経済的損害のリスクが高い活動
- 詐欺行為または欺瞞行為
- アダルトコンテンツ，アダルト産業，出会い系アプリ
- 政治的キャンペーンまたはロビー活動
- 人々のプライバシーを侵害する行為
- 無許可の法律実務に従事すること，または有資格者が情報を確認することなく個別の法的アドバイスを提供すること
- 有資格者が情報を確認することなく，個別の金融アドバイスを提供すること
- 誰かに特定の健康状態があるかどうかを伝える，または健康状態を治す方法や治療する方法を説明すること
- リスクの高い政府の意思決定

　特に注意すべきは，法律・金融・医療などの専門的知識が必要とされるコンテンツにおいて ChatGPT を利用することである。具体的には，法律・金融に関する個別のアドバイスを提供する場合には，ChatGPT の出力結果を唯一の根拠として（"as a sole source"）依拠することが禁止されており，必ず有資格者による確認・検討が必要である旨が定められている。また，医療に関しては，重大な病状の診断または治療サービスに関して利用すること自体が禁止されている。

　さらに，上記分野にモデルを使用する場合には，追加条件（"further requirements"）として，AI が使われていること，また，その潜在的な限界に関する免責事項を表示することが求められている。

　したがって，ChatGPT を前述のようなコンサルティング業務に活用する場合，上記のような専門的知識を要する領域に関するアドバイス等を提供する際は，特に注意が必要である。

## ⑶　AI を利用した生成物である旨の明示

　各種規約において，AI を利用した生成物である旨を明示することが求められている。

　例えば，Terms of Use では，AI 生成物について，あたかも人間が生成したものであるかのように表示することが禁止されている。しかし他方で，Brand guidelines[16]では，「AI が書いた（AI によって書かれた）」というような表記も適切ではないとされている。つまり，人間と AI のいずれかが自律的に生成したかのように表記することは適切ではなく，あくまで「人間が AI を利用して生成した」[17]という表記である必要がある，ということである。

　また，Service Terms でも，前述の法律・金融・医療等の専門領域において，チャットボット等の自動化されたシステムに AI を利用している場合には，AI が介在していることを明示することが利用条件とされている。

　さらに，Sharing & publication policy では，ソーシャルメディアやライブストリーミングサービス上でプロンプトや出力結果を共有する場合には，プロンプトや出力結果に関する権利がユーザーに帰属すること，また，出力結果が AI による生成物であることを示すことが求められている。加えて，コンテンツの一部に AI を利用した場合であっても，当該コンテンツの作成にあたり AI が担った役割について，詳述することが求められている。

　以上のように，ChatGPT を利用してコンテンツを作成する場合には，コン

---

16　https://openai.com/brand（2023年 5 月18日参照）。
17　具体的には，「Written with ChatGPT」や「Caption written with ChatGPT」などと表記することが推奨されている。

テンツの内容だけでなく，表示方法にも留意する必要があるだろう。

## ⑷ 「〇〇 GPT」というコンテンツ名の利用禁止

Brand guidelines では，API を利用したコンテンツ名の表記に関するルール
が設けられている。

具体的には，ChatGPT API を利用したコンテンツに「〇〇 GPT」という名
称を付すことは禁止されており，代わりに，「Powered by GPT-4」や「Powered
by ChatGPT API」といった表記が適切であるとされている。

その他にも，Brand guidelines では，ChatGPT 用のプラグインの表記に関
するルールやパートナーシップを結んでいるかのような表現を使用してはなら
ないなどのルールが記載されている。

以上のように，ChatGPT を利用してコンテンツを作成する場合には，コン
テンツの内容だけでなく，表示方法に関しても細かなルールが設けられている
点には留意する必要がある。

# ChatGPT と AI 倫理

第 　 章

株式会社 ABEJA　弁護士　**古川　直裕**

AI 倫理の問題は，AI の利活用において最も重要な問題である。ChatGPT に関する懸念として新聞等で報道されている懸念の大半は，AI 倫理の問題である。AI 倫理をご存じでない方は，とりあえず「はじめに」だけでも一読されることをお勧めする。

## 1 ｜ はじめに

この章では AI 倫理の問題について議論する。「倫理」と聞くと徳の高い人や意識の高い人が行う慈善的なものをイメージし，多くの人にとっては「関係ない」「倫理的な行為をしている余裕はない」「ビジネスに関係ない」ものに思え，この章を読まずに済ませようと考える読者も多いかと思うが，少し待ってほしい。AI 倫理でいう「倫理」とは，法曹倫理や医療倫理のような「守って当然の規範」「守らないと社会からの信頼を失う規範」であり，AI を利活用する企業では必ず意識する必要のあるものである。そして，この問題を扱う適任者は，規範に関する問題である以上，法律家であるべきである。また，この AI 倫理は，法律家にとっての新しい仕事というにとどまらず，法律実務家の企業における機能を，従来の機能に関する議論を超えて大きく拡張するものである。これらの点については追って説明する。

筆者は，AI 倫理に対応するための国内研究団体や国際機関等に所属していることもあり，弁護士，学者，技術者，経営者などと国内外の ChatGPT に関する懸念についての議論や意見交換を頻繁に様々な場所で行うが，大まかにい

うと①知財，特に著作権上の問題，②個人情報保護法，セキュリティ，プライバシー上の問題，③ AI 倫理上の問題が懸念となっている。②もセキュリティ，プライバシーは AI 倫理の一部として議論されていることからすると，ChatGPT の懸念として議論されていることの半分以上は実は AI 倫理に関する事項なのである。

このため，ChatGPT を利用するにあたっては，法律家としては AI 倫理について避けてとおれない極めて重要な問題であることを肝に銘じてほしい。

なお，本章の内容は，執筆時点である2023年4月段階の内容であり，それ以降の事情の変化などは反映していない。

## (1)　AI 倫理とは

ここでは AI 倫理に関する厳密な定義（決まった定義は存在しない）より，どのような点が問題となっているかを述べたい[1]。ChatGPT に限らず従来から問題とされていた事例を述べると以下のようなものである。どれも架空の例だが，近い事例は実際に発生している。

- 採用時の書類選考を AI で自動化しようとしたら，男性を優遇する AI ができた
- 顔写真の人物の同一性を判定する顔認識 AI が黒人や女性について精度が低かった
- ニュースや友人のレコメンド AI の結果，左翼の人が左翼のニュースや友達に囲まれてしまい，より左翼的になり，結果として社会の分断が進んだ
- AI により性的嗜好や宗教観が予測されていた

---

1　なお，AI 倫理について詳しく知りたい読者には，法律実務家向けに AI 倫理の基礎を若干詳しめに説明し，法律実務家や（いわゆる）文系人材が AI 倫理の対応にどのようにコミットしてゆくかを説明したものとして，古川直裕ほか編著『Q&A AI の法務と倫理』（中央経済社，2021年）を紹介する。また，G 検定という AI に関する検定のテキストの形態をとっているが実質は AI 倫理の基礎を一般向けに説明した書籍として古川直裕ほか編著『ディープラーニング G 検定法律・倫理テキスト』（技術評論社，2023年）がある。適宜参照されたい。また，『AI 白書2023』（角川アスキー総合研究所，2023年）では筆者が ChatGPT を含む大規模言語モデル（LLM）に関する倫理リスクについてごく手短に解説している。

　どれも法的には必ずしも違法とは言えないが，社会規範や一般常識に照らして問題のあるものばかりである。また，どれも，倫理とは言っても有徳の人や意識の高い人だけが対応するべきものではなく AI を利活用するすべての企業で対応すべき問題であることがわかる。

## (2)　AI 倫理の重要性と法務の機能

　では，これらの問題に対応するのは企業ではどの部署であろうか。倫理部署などがあれば別だが，通常はそのような部署はない。よって，法務・コンプライアンス部署が対応することになる。むろん，他にも，技術担当者，ドメイン担当者（ドメインとは，例えば採用 AI における人事領域のような，AI が利活用される領域・分野を指す）などと協働することになるが，法務・コンプライアンス部署が主力となることは間違いない。筆者も様々な企業の AI 倫理のための体制構築（AI ガバナンス）支援を行ってきているが，多くの場合，法務・コンプライアンス部署が大きな役割を果たすことが期待されている。

　ここで，法務・コンプライアンス部署が AI 倫理を取り扱うことの意味を，新しいリスクへの対応という形のみで捉えるべきではない。コンプライアンスの向上によるレピュテーションリスクの低減やレピュテーションの向上というにとどまらない意味が存在している。先ほどの例のような差別的な AI を購入したいと思う企業はほとんど存在しないはずである。つまり，AI 倫理の対応を適切に行うことは「顧客に選ばれる」製品を作り出すということである。これは企業イメージの改善による売上向上とは異なり，個別の製品の性能・品質の向上による顧客ニーズの高度な次元での充足およびそれによる売上向上となるのである[2]。つまり，品質を向上して顧客のニーズを満たし選ばれる製品を作るという売上を生み出す活動を行うことにほかならず，今までの「法務は金を生み出さない」という前提の下で議論されてきた機能を超える機能を法務・

---

　2　なお，AI 倫理が AI における品質の要素であることは広く認められており，国立研究開発法人産業技術総合研究所「機械学習品質マネジメントガイドライン」や AI プロダクト品質保証コンソーシアム「AI プロダクト品質保証ガイドライン」を参照されたい。

コンプライアンス部署にもたらすことになる。

## 2 ChatGPT の倫理総論

　続いて ChatGPT における AI 倫理について，総論的な議論を行う。

　本書では，一般的に指摘されている倫理的課題について順次挙げてゆき検討してゆく。なお，あくまで「よく話題になる倫理的課題」を検討するだけで，ユースケースにより本書では取り扱わなかった課題が生じることもある。つまり，どのような課題が生じるかはユースケース依存であり，一般的な一覧を作成することができるわけではない。このため，担当者においては，ユースケースごとに個別的にどのような問題があるかの検討を行い，ノウハウ等が不足する場合には，外部から専門家を招くことも検討する必要がある。なお，外部専門家に言及したが，社内だけでなく外部の知見を入れることは問題の発見の点から重要である。倫理上の課題の中には（公平性・バイアスのように）様々な視点で検討して問題に気づくことができるものがあり，社内の目という偏った目だけでは不十分なことが多いためである。

　また，「ChatGPT」の倫理を議論するといっても，議論の対象とするのはChatGPT に限らない。ChatGPT 自体は，開発主体である OpenAI 社が学習を行うものであり，ユーザがビジネスを展開しているドメイン（例えば，金融業界や医療業界）に特化したテキスト生成 AI にはなっていない。このため，ChatGPT とは別のテキスト生成 AI を特定のドメインに特化させて独自に学習することが多数行われている。そして，このような AI として，性能上の点から ChatGPT のような大規模言語モデル（Large Language Model，以下LLM と略す）が用いられることが多い。よって，本書では ChatGPT 以外のLLM も取り扱う（なお，念のために付言すると，ChatGPT は LLM に含まれる）。

　また，独自の LLM の開発にあたっては Foundation model を利用することが多い。これは，膨大な数のテキストデータで学習済みの LLM が公開されて

いるところ，このモデルに対して，比較的少数のドメイン特化のデータを追加で学習させる（Fine tuning という技術を用いる）ことで一定のドメインに特化した LLM を得るというものである。つまり，元のモデル（Foundation model）の学習では様々なテキストにより学習を行い，これにより様々なテキストをある程度理解しているモデルを得るのに対して，Fine tuning ではこのような基礎知識を持ったモデルを再学習して一定のドメインに関するテキストに特化させるのである。

　以下，ChatGPT をはじめとする LLM に関する倫理的課題について個別的に論じてゆく。

# 3 ┃ プライバシー

　ChatGPT にはプライバシー上の課題が存在することが指摘されている。ここでのプライバシー上の課題とは，以下のようなものである。

　①第 1 に，Foundation model の学習や Fine tuning に必要な学習用データ（特に大量のデータを収集する前者）が大量に収集されていること自体や収集時に同意がとられていないという課題である。このような点が個人情報保護法上適法かということではなく，このようなことがなされていることがプライバシーの観点から問題であるということである。推測になるが，このような懸念の背後には，テキスト生成 AI がどのような学習を行っているのか知られていないことや，AI と聞いて人間のような知能を持つ汎用型 AI をイメージし「人間のような AI」が皆のデータを監視しているというイメージを持つことや，個人情報やプライベートな情報を使われることに対する何となくの拒否感があるものと思われる。ChatGPT をはじめとする LLM は，テキストデータから，「途中まで文書が与えられた場合に，辞書の中から次の単語としてどの単語の確率が高いかを計算する」ことを学んでいるにすぎず，テキストの意味内容を理解しているわけではないことを明示するなどが重要と思われる。

　②2つ目は，ChatGPT の回答内容に個人情報を含むことがあり，個人情報の開示という点でプライバシー違反であるという課題である。このような ChatGPT の出力が個人情報保護法違反かについては，個人データの定義と関係して検討の必要があるが，この点は本書の該当箇所に委ねる。倫理の文脈では仮に適法であったとしてもプライバシーの点から問題となっているわけである。ここで，学習用データが公開のインターネット上から収集された場合（事実，多くの LLM の Foundation model はこのような学習用データで学習する），ChatGPT などの LLM の出力は公開情報に基づいたものであるため，LLM の出力がプライバシー違反とならないとの考えもあり得る（ただし，本人の同意なくプライバシーに関する事項を第三者が公開したデータの内容を AI が出力する場合は別である）。このような考えはたしかに妥当であるが，他方で，分散しているプライバシー事項をまとめて回答することでプライバシー侵害度合いが増大している考えや，一定の文脈の中で公開しているプライバシー事項を LLM による客観的（に見える）な解答という文脈で開示することはプライバシー上問題であるとの考えも存在する。

　③3つ目は，忘れられる権利との関係である。このような権利が憲法上の権利かは別として，忘れられる権利の点からの課題である。ネット検索ではすでに出てこない，または探し出すのに苦労する情報でも LLM では，比較的簡単に情報を引き出せる可能性がある点がネット検索と同一に論じることができない点である。

　なお，これらの問題への対処方法としては，（先ほど言及したとおり）LLM の学習内容の開示や一定のプライバシー情報を学習用データに用いないことなどが考えられる。

# 4 ｜ セキュリティ

　セキュリティも，ChatGPT の利用に関して頻繁に懸念される事項である。

具体的には以下のような点が問題となっている。

①第1に，プロンプトに一定の機密情報を入力する（例えば，機密情報たる会議の議事録を入力し要約を指示する）ことにより，プロンプトの履歴がOpenAI社に保存されること自体の問題である。これは，つまり自社以外のサーバに機密情報が保存されるという問題であり，通常のクラウド上のサービスでも同じである。保存先での情報の管理方法やセキュリティを検討し，可否を検討することになる。

②第2に，プロンプトに機密情報を入力したところ，LLMがプロンプトを学習用データに用い，その結果，第三者に機密情報を回答として与えてしまう可能性があるという問題である。実際にLLMが学習データと同一（または極めて近い）テキストを生成する確率がどの程度あるのかについては，議論のあるところであるが，可能性としては存在している。なお，ChatGPTについては，利用規約で，ユーザの入力したデータのオプトアウト手続が用意されているので，この手続を利用することが考えられる。実際にオプトアウトされているか不安な場合には，自社用のLLMを開発することが考えられる（現にそのような開発を支援するサービスも存在している）。


# 5 ｜ 公平性・バイアス

ChatGPTをはじめとするLLMは，インターネット上の多数のテキストデータを学習用データとして学習するため，社会に存在する偏見やステレオタイピング（「女性はこう」のようなステレオタイプに基づいて物事を判断すること）も学習してしまう。また，インターネット上の情報を大量に集めたからといって幅広いデータで学習しているとは限らず，学習用データに，例えばインターネットへのアクセスを持っていない社会的弱者のデータが少ないことや，英語のデータが圧倒的に多いというバイアスも存在する。

このようなデータに関するバイアスから，ChatGPTをはじめとするLLM

では，出力にバイアスが生じる。たとえば，ChatGPT のもとになっている
GPT-3という LLM では，「ムスリム」という単語が「テロリスト」という単
語と，「ユダヤ人」が「お金」と強く結びついているという研究も存在する[3]。
この他にも GPT に関する性別や肌の色に関するバイアスや政治的な傾向とし
て左翼的なバイアスが存在することの研究は多数存在している。

　では，このようなバイアスは，どのような問題を引き起こすのであろうか。
主に議論されているのは社会的な問題である。「女性は家庭に」のようなテキ
ストが生成されることによる人々のステレオタイプやバイアスの強化や，これ
による差別・バイアスの再生産が問題として指摘されている。仮に企業が
LLM により生成されたテキストを不特定多数に表示している場合，このよう
なバイアスやステレオタイプの強いテキストを表示することになりかねず，当
該企業の人権意識が批判される可能性がある。

　また，このバイアスの問題は，ChatGPT などの LLM を社内でのみ利用す
る場合でも生じることに注意が必要である。ChatGPT などは，例えばインター
ネット検索に代わる情報検索で使われることがある。この場合に，バイアスの
かかった検索結果が表示される可能性があり，このような検索結果に基づく業
務上の意思決定への影響を考える必要がある。同じことは，ChatGPT をブレ
インストーミングやアイディア出しに使うような場合も当てはまる。社内での
ChatGPT のバイアスに関する周知を行うべきであり，加えて，バイアスの有
無を複数の日で確認するような措置が望ましい（ただし，そもそものバイアス
を作り出したのが人間であり，人間によるバイアスのチェックがどこまで有用
なのかという疑問は残る）。

　なお，生成 AI については，（採用 AI のような）通常の AI と比べてバイア
スの有無の調査が難しいことがある。特に Foundation model の学習に使われ
ているデータが不明なこともあり，仮にわかっているとしても膨大な数のデー
タに上るため人間がデータの適切性を確認することが難しいことがある。この

---

3　Abubakar Abid, Maheen Farooqi, James Zou「Persistent Anti-Muslim Bias in Large Lan-
　guage Models」。

ため一定のバイアスについては生じざるを得ないところがあり，利用者への教育や情報周知，情報検索に ChatGPT を利用する場合にはより深い検索のための足掛かりという位置づけとし，インターネット検索等の他の方法と併用すること，さらにはバイアス発見時の情報提供窓口などを設けることで事後的に対応せざるを得ないことがある。

## 6 ｜ 仕事の未来

　ChatGPT などの LLM さらには，テキストの文脈を離れて画像生成 AI を含めた生成 AI については，仕事への影響が特に問題視されている。これは，AI によりイラストレーターや記者やライターの仕事を奪うというものである。日本だけではなく欧米でもこの点は大きな問題となっている。

　従来，AI により仕事が代替される場合に，「仕事が奪われる」という観点からの批判はたしかになされていたが，生成 AI の場合は今までに例がないほどに強く批判がなされている。例えば，レストランで料理を運んでくれるロボットを最近目にすることが多いが，このロボットに対してウェイター，ウェイトレスの仕事が失われるという点からの批判がなされることは少ない。生成 AI による仕事への影響についての批判は，学習用データに著作物が無断で使われることへの批判と一緒になされることが多く，著作物の作成を主たる業務とする仕事に関しては，「仕事を守るべし」という主張がなされることが多い（その理由は不明である。ウェイター等の仕事がライターと比べて守る価値がないと主張するのであれば別だが，是認できる主張ではない。なぜ著作物の作成を主たる業務とする仕事に関してのみ要保護性を強くする必要があるのか合理的な説明は難しいように思われる）。

　日本では著作権法30条の 4 により AI の学習目的であれば，無償で同意なく著作物を原則的に利用可能である。ただし，AI により影響を受ける人のことを考え，学習に用いた企業等が一定の団体へ寄付を行うなどの措置をとること

は考えられる。または学習に用いるデータを開示し，オプトアウトを認めること[4]や自己の作品が利用されていることを申告した者に対して一定の金銭的利益が分配されるような手続の整備も考えられる[5]（ただし，繰り返しになるが，なぜ著作物の作成を主たる業務とする仕事に関してのみ，このような特別な措置を行うべきなのか，合理的な説明は難しいと思われる）。

　また，企業においては ChatGPT などの LLM の導入により影響を受ける従業員のリスキリングや再教育を行い，LLM を利用して人間しかできない業務を実施できるようにしておくことや異なる業務を担当できるようにしておくことが重要である。ただし，日本では従業員の解雇が難しいこともあり，主に問題になるのは業務委託先との契約の終了の形をとることになるであろう。人間にしかできない今までとは異なる業務の委託を行うことを検討することや，契約を終了させるにしても十分な事前通知期間を置いておくことが望ましい。

　AI の仕事に対する影響については，AI との協働の重要性が指摘されることが多い。これは一般的に仕事というのは様々なタスク（やより細かいサブタスク）からなっており（例えば，弁護士という仕事であれば会議の実施，文献の調査，法律相談の対応，文書の作成，裁判への出席などのタスクで構成されており，会議の実施というタスクは，アジェンダの設定，日程調整などのサブタスクから構成されている），AI により代替されるタスクと代替されないタスクを特定し，人間にしかできないタスクに人間の力を集中させるべきであることが主張されている。生成 AI の場合も同様であり，生成 AI の導入を検討している企業やこれにより影響を受ける企業は，自らの業務を分析し，どのように AI と協働してゆくべきか検討すべきである。なお，クリエイターや弁護士の場合，個人事業主やそれに近い状態の労働者が多く，リスキリングや業務分析を十分に行うリソースに欠くことがある。よって，弁護士の場合は弁護士会な

---

　4　なお，学習後にオプトアウトを認めても，オプトアウト実施後のデータでの再学習が必要になってしまう。一定のデータを AI に忘れさせる手法については研究が進んでいるが，確立した技術は存在しない。また，学習前に利用予定のデータセットを開示することは，情報保護の点から慎重に検討する必要があろう。

　5　ただし，利用される学習用データが膨大であることを考えると金銭的利益はごくわずかなものにならざるを得ず，実際の振込等を考えると現実的に実行可能かは疑問があり得る。

どの一定の団体や業界団体が，これを行い参考として公開することを検討することも考えられる。

# 7 誤情報

ChatGPT が，質問に対して誤った回答を行うことがあることは，よく知られている。これは，LLM が学習しているのは，テキストに含まれている事実や論理ではなく，「途中まで文書が与えられた場合に，辞書の中から次の単語としてどの単語の確率が高いかを計算する」方法であるため生じているものである。このため，ChatGPT は，ごく自然な，自信に溢れた口調で，虚偽の情報を提示することになるのである。また，最後に学習を行った以降の事項については学習していないため，不正確な回答を行うこともある。このような虚偽の情報の提示が問題であることは言うまでもないが，以下のような場面では特に虚偽の情報の提示は大きな問題となる。

> ① 政治に関する言論
> ChatGPT が政治家に関する虚偽の情報を提示する，政治的な議論を行う上で基礎となるような事実に関して虚偽の情報を提示するといった場合，民主主義の観点から，問題は大きい。つまり，民主主義では国民が議論により政治的な方向性やあり方を決めてゆく必要があるが，その前提として，一定の事実関係について正しい認識を共有していることが重要である。ChatGPT が虚偽情報を流布すると，民主主義が適切に機能しないことにつながり得るのである。
> ② 医療に関する言論
> 医療など生命に関する言論について ChatGPT が虚偽情報を提示した場合，それを信じたユーザに，生命に関する危機が生じることになる。
> ③ 名誉毀損
> 個人の名誉を毀損するような虚偽言論を行うことも重要な問題である。仮に法律上の名誉毀損に該当することを理由とした虚偽情報の提示の差止めがなされた

場合，技術的にどのように対応するのかを含めて，難しい問題を提起している。

④　**業務妨害**

　業務妨害，信用毀損につながる虚偽情報の提示は，名誉毀損と同様に重大な問題であり，被害者となる企業等に重大な損害を与えかねない行為である。

　このような虚偽情報の提示に関する企業のリスクとしては，まず，このような言論を行っていることに対する消費者であるユーザからのレピュテーションの低下や場合によってはユーザや権利侵害を受けた被害者からの賠償請求のリスクが存在する。また，消費者をユーザとしない場合であっても，企業内部での情報検索などに LLM を用いる場合，虚偽の情報に基づいて企業の意思決定を行うことになり，適切な意思決定が阻害されることになろう。

　ChatGPT の学習方法から虚偽の情報の提示を行うことはやむを得ないことであるから，ChatGPT や LLM を利活用する企業においては，個別の LLM ごとに虚偽情報を提示した場合のリスクを検討する必要がある。

　虚偽情報の提示への対応としては，虚偽情報を発見してその提示を阻止することが考えられる。虚偽情報の提示やフェイクニュースの流布については，ソーシャルメディアでも（人間によるものが）同様に問題となっており，AI によるフェイクニュースの判定が行われているが完全に判定できるものではなく，人間が判定するしかないのが現状である。LLM の場合でも人間が行うしかないであろう。

　また，ユーザ等に対して LLM の生成する文書が真実でないことが頻繁であることや，その学習内容を示すことで，LLM の提示するテキストの内容の真実性を無批判に信用してはならないという認識を広めることも重要である。

　さらに，利用規約等で生成テキストの内容の真実性を担保できないことを示し，それを信用したとしても賠償義務を負わないことを示すことも考えられる。ただし，生成される文書の自然さや AI という言葉の持つニュアンスから，多くのユーザが LLM の生成テキストの内容の真実性を信じてしまうのも無理はないことを考えると，利用規約のどこかにその旨が記載されているというので

は不十分であり，別個に特別に説明するなどの措置を行う必要があろう。

## 8 | 有害発言

ChatGPT が様々な点から有害な発言を行うことはよく知られている。例えば，場合により性的な発言をすることや爆弾の作り方を回答することもある。このような不適切または有害なコンテンツを生成する場合がある。ChatGPT については，有害な発言を行わないように，ある程度の調整がなされているが，独自の LLM を開発する場合は，注意が必要である。なお，ChatGPT の振る舞いに関するガイドラインが公開されているので，参考にされたい[6]。

有害発言を行わないように LLM を開発するにあたって，まず，何が有害発言かを定義する必要がある。非常に困難な作業であるが，歴史的に有害度が特に高いものについては刑法などで処罰されていることから，これらを参考に有害発言の定義を行うことは有用であろう。ただし，刑法などで処罰されていないが有害な発言も存在することに注意が必要である。例えば，重要なものとしては，社会的な分断を促進するような発言で，党派的な発言である。

独自の LLM を開発する際には（特に一般消費者に提供される場合），学習時に有害発言かどうかの情報を与えて学習させることで有害発言を回避したり，不完全ではあるが有害発言を検出できる AI を用いて有害発言を行わせないようにしたりするなどの工夫が必要であろう。

## 9 | 悪用・誤用

ChatGPT に関する様々な悪用や，不適切な利用方法である誤用の事例が報

---

6　Snapshot of ChatGPT model behavior guidelines（2022年7月）

告されている。例えば，悪用の例としては，マルウェアの作成や詐欺への利用，悪質なプロパガンダの作成である。特に自ら作成すべきレポートを ChatGPT により作成するなどの教育現場での悪用は大きな注目を浴びている。誤用の例としては，死者が出たような事件に対する追悼文の作成での利用である。

ChatGPT のテキスト作成という能力は，非常に広い場面に利用可能であり，その反面非常に広い範囲の悪用・誤用が可能であり，それらの可能性のすべてを予測することは難しい。各ドメインごとに，個別のユースケースごとに考えるしかないのが現状である。

ChatGPT を用いたサービスや独自の LLM を開発する場合，悪用への対処方法としては，利用規約や社内規定で悪用を禁止するなどが考えられるが，想定される悪用の具体的なケースに沿って考えてゆくしかないであろう。また，LLM の学習時に悪用につながるようなプロンプトは受け付けないように学習しておくことも考えられる。また，利用者に対して利用開始時等に一定の審査を行うことも考えられる。

# 10 人間の操作

ChatGPT などの LLM により人間が操作される危険も指摘されている。ChatGPT による発言が人間の考え方や感じ方に影響を与え，人間の行動を操作することができる可能性も指摘されている。一定の考えを広めるような LLM の場合，特にその可能性があり得る。また，子どもなどの精神的に未成熟であったり，精神的障害のために影響を受けやすかったりする人に対しては可能性が高くなる。

このような点から，LLM サービスを提供するにあたっては，年齢制限などを課すことが考えられる。

# 11 ｜ その他の課題

　以下に，今まで紹介しなかった課題について簡単に紹介する。なお，このことはこれから紹介する課題が重要ではないということを意味しているわけではない。

## ⑴　環境上の課題

　ChatGPT がベースとしている GPT-3 の学習に必要な二酸化炭素排出量は，502トンに上り，アメリカ人 1 人の 1 年間の排出量の28倍，ニューヨークからサンフランシスコまで飛行機が往復した場合の乗客 1 名当たりの排出量の507倍に当たるとのスタンフォード大学による報告も存在する[7]。

　LLM は基本的に巨大なモデルを膨大な量のデータで学習することになるため，電力消費が増大する傾向にある。また，モデルが巨大なため，推論過程（テキスト生成 AI の場合は，テキスト生成）における電力消費も，大きなものになりがちである。

　LLM を利用する場合には，環境上のデメリットが利用のメリットを上回るかを検討する必要があろう。

## ⑵　アカウンタビリティおよび透明性上の課題

　また，ChatGPT はアカウンタビリティおよび透明性の観点からも批判がなされている。例えば，ChatGPT のソースコードだけでなくモデル構造や詳細な学習方法が開示されていないため，第三者が様々な検証やテストを行うことができないという透明性の欠如が批判されている。また，LLM の開発ではFoundation model を利用することが多く，Foundation model 段階の学習については自社で行っていないため詳細が不明になり，問題発生時の原因究明が困

---

7　Stanford University Human-Centered Artificial Intelligence「Artificial Intelligence Index Report 2023」121頁。

難になることやモデルの修正が困難になる可能性が指摘されている。

　なお，伝統的には AI 分野ではソースコードや技術に関する論文を公開することが通例であったにもかかわらず，ChatGPT がこれを行わないのは，1 つには営業秘密の保護の観点であるが，もう 1 つには悪用の防止の点も存在する。

### (3)　競争上の課題

　巨大なモデルを膨大な量のデータで学習することで Foundation model を得るため，これに必要なコンピューター資源は膨大なものになる。さらに，最先端の AI やハードウェアに関する知識が必要になり，これらの知識を有する従業員を多数有している必要がある。このため，一部の国際的な超大手 IT 企業などだけが Foundation model を独自に開発することが可能であり，競争上の課題が指摘されている。

## 12 ┃ まとめ

　以上，ChatGPT をはじめとする LLM に関する倫理的課題について説明してきた。本章の内容ですべての倫理的課題をカバーできているわけではなく，また個別の倫理的課題についてもすべての観点をカバーできているわけではないため，本章に掲げた課題や各課題の視点をすべてだと思って LLM 利用における倫理的課題を検討することは避けていただきたい。

　しばしば，新聞等で報道されている ChatGPT の問題点は，社会全体から見た問題点となっており，実際に ChatGPT などの LLM を利活用する企業から見た問題点という形になっていないことが多い。読者は，報道された社会的な問題が，各企業から見た場合にどのようなリスクになるのか十分に研究する必要があろう。

　なお，本章で指摘した倫理上の課題の多くは，現在のところ有効な解決策が見つかっておらず，今後，研究者や実務家が共同して取り組んでゆく必要があ

る。特に，この取組みは国際的に行う必要があり，望ましい取組みのあり方を共通化することで，AI によるメリットを最大化することができよう。

　さらに，様々な悪用の場面が想定される ChatGPT の悪用への対応などの領域では悪用事例の共有などの情報共有を行うことが重要である。これを可能とするプラットフォームの構築などを検討する必要があろう。加えて，ChatGPT が誤った内容の文章を生成する可能性がある点の社会への啓蒙など，一企業だけで対応できないことも多い。本章では，企業がどう対応してゆくかという観点から論じたため，政府の役割については，基本的には述べなかったが，実際は政府の役割は大きいと言わざるを得ない。政府においても ChatGPT の倫理的課題に対応するための様々な施策を行うことが求められる。

# ChatGPTと
# 個人情報保護法上の課題

第 **4** 章

TMI総合法律事務所　弁護士　**大井 哲也**

## 1 ChatGPT サービスと GDPR 違反の問題

　2020年にリリースされた OpenAI の大規模言語モデル（LLM）である GPT-3 の訓練データには，ウェブサイトやオンライン掲示板の投稿履歴などのデータが使用されており，その中には膨大な個人情報も含まれていた。

　その後，2023年の 3 月に GPT-4 がリリースされた後の 3 月31日に，イタリアの個人データ保護機関（GPDP）は，OpenAI が，EU 一般データ保護規則（GDPR）が要求する個人情報を処理するための法的根拠を有していないことなどを理由に，ChatGPT の訓練データに含まれるイタリアの情報主体の個人情報の使用を制限する緊急暫定措置を命じた。また同時に，GPDP は，OpenAI に対して，同年 4 月中に GPDP 違反の指摘事項について改善策を講じ，その内容について報告するよう命じた。

　この GPDP の措置は EU 域内の個人データ保護機関が OpenAI の ChatGPT に対して実施した初の法的措置であり，急速な技術革新により様々な新規サービスが誕生している大規模言語モデル（LLM）の開発に一石を投じた。

## 2 他の個人データ保護機関の動き

　このイタリアの GPDP による措置と同期をとる形で，フランス，ドイツ，アイルランドの個人データ保護機関も GPDP の調査結果の共有を受け，OpenAI

に対して調査を開始している。さらに，4 月13日には EU の個人データ保護機関を統括する欧州データ保護会議（EDPB）が，個人データ保護機関が取り得る法的措置に関する協力と情報交換を促進するためにタスクフォースを立ち上げることを決定している。

## 3 ┃ 生成 AI をめぐる各国の規制の動き

### (1) 英　国

英国の個人データ保護機関である ICO は，2023年 4 月 3 日，「生成 AI に関する開発者とユーザが問うべき 8 つの質問」[1]を公表し，生成 AI を開発または利用する組織は，当初からデータ保護に留意し，データプロテクションバイデザインのアプローチをとる義務があることを注意喚起している。

---

【8 つの質問】
① 個人データを処理するための法的根拠は何ですか？
② あなたは管理者，共同管理者，または処理者ですか？
③ データ保護影響評価（DPIA）を実施しましたか？
④ 透明性はどのように確保するのですか？
⑤ セキュリティリスクはどのように軽減するのですか？
⑥ （利用目的から）不必要な処理をどのように制限するのですか？
⑦ 個人の権利行使にはどのように対応するのですか？
⑧ 生成 AI を利用し自動化された意思決定を行いますか？

---

### (2) 米　国

米国では，米国科学技術政策局（OSTP）が，2022年10月 4 日，人工知能（AI）

---

1　ICO Blog Generative AI：eight questions that developers and users need to ask（2023年 4 月 3 日）。

の開発などにあたり考慮すべき以下の 5 つの原則をまとめた「AI 権利章典の青写真」を発表していた[2]。

---

**【AI を用いた自動化システムを設計，使用，配備する際に考慮すべき 5 つの原則】**
① 安全で効果的なシステム
② アルゴリズムに基づく差別からの保護
③ データ・プライバシー
④ ユーザへの通知と説明
⑤ 人間による代替，配慮，フォールバック（予備的運用）

---

　また，米国商務省の電気通信情報局（NTIA）は，2023年 4 月11日，AI のアカウンタビリティーを問う政策の導入についてパブリックコメントを募った[3]。

　このパブリックコメント募集では，AI システムが法的観点，倫理的観点，安全性の観点から信頼性を認証するための制度の導入について焦点を当てており，この意見を踏まえて，認証制度を含む AI サービスの監査などの立法政策について報告書が作成され，政策立案に活かされる予定である。

## (3)　中　国

　中国も米国と時を同じくして，中国の国家インターネット情報弁公室が，2023年 4 月11日，AI 製品に「セキュリティ評価」を義務づける「生成 AI サービス管理弁法」の意見募集稿を公表した。生成 AI 製品を利用したサービスを提供する際には，事前に国家インターネット規制当局に安全評価を申請し，かつアルゴリズムを登録する義務を負うことを内容とする。

---

2　ジェトロビジネス短信「バイデン米政権，「AI 権利章典」を発表し AI 開発の 5 原則を示す」
　（2022年10月 5 日）。
3　米国商務省電気通信情報局（NTIA）AI Accountability Policy Request for Comment
　https://www.federalregister.gov/documents/2023/04/13/2023-07776/ai-accountability-policy-
　request-for-comment

## 4 ┃ ChatGPT をめぐる日本の規制の動き

　上記のような各国の規制の流れに対し，日本はやや異なる立場を取っている。松本剛明総務相は AI のルールに関し「開発をいたずらに規制する形は望ましくない」と明らかにした。生成 AI の普及に伴うプライバシーや知的財産権の保護などの課題には，既存の法律を活用することで対処可能だとの考えも示しており[4]，個人情報保護委員会など規制当局が個人情報保護法の解釈・適用をいかに実施していくかを注視する必要がある。

## 5 ┃ イタリアの GPDP による ChatGPT に対する GDPR 上の問題点の指摘

　イタリアの個人データ保護機関（GPDP）は，OpenAI の ChatGPT に対して暫定的な個人データの利用制限措置を以下に述べる 4 つの GDPR 違反事由を理由に命じている。

　本項では，GDPR 違反事由を分析しつつ，OpenAI が GDPR 遵守のためにどのような改善策を実施したかを概観する。

### (1)　ユーザ・情報主体に対する情報提供義務

　ChatGPT サービスを開発するために収集・利用された個人データについて，ユーザや情報主体に情報が提供されていないことが指摘されている。個人データの収集に関しては，GDPR 上，個人データの利用目的，処理の法的根拠，正当な利益などの様々な情報主体に対する情報提供義務があるが（GDPR13条 1 項，2 項および 3 項），OpenAI の ChatGPT サービスにおいては，十分な情報

---

4　日本経済新聞『総務相「AI 開発規制，望ましくない」G7で国際ルール議論へ』（2023年 4 月23日）。

の提供がなされていないと評価されたものである。

　この点，訓練用のデータセットとしてインターネット上に公開されている個人データの収集行為のみならず，ChatGPT サービスのユーザが入力したプロンプトに個人データが含まれる場合に ChatGPT サービス内でいかなる処理がなされているかについて十分な情報提供がなされているか問題となる。

　ユーザは，プロンプトに，自身の健康状態や政治的見解など機微情報含む個人データをインプットする可能性があるが，ChatGPT において，これら個人データがどのように訓練データとして処理されているのか，また，インプットされた個人データが，他のユーザに対してどのように ChatGPT サービスのアウトプットとして提供され得るのかがブラックボックスとなっていることが課題となる。

　現在では，OpenAI は個人データがどのように処理されるかプライバシーポリシーやブログなどで順次，情報開示を進めているものの，今後も個人データがどのようなメカニズムで訓練データとして処理されるかを一般ユーザにも理解しやすい形で情報提供されることが望まれるところである。

## (2)　処理行為の法的根拠

　GDPR 上，要求される個人データの収集・利用を含む処理行為に対する法的根拠が必要であるが，ChatGPT の訓練に利用される個人データを収集・利用するための法的根拠を欠いていることが指摘されている。

　この点，企業が個人データを収集・利用するためには，個人データ処理のための法的根拠が必要とされる（GDPR 6 条 1 項）。具体的には，①本人の同意，②契約の履行のため，③法的義務の遵守のため，④生命に関する利益保護のため，⑤公共の利益または公的権限の行使のため，⑥正当な利益が認められることの 6 つの法的根拠のいずれかが必要となる。

　ChatGPT の訓練に利用される個人データについては，取り得る法的根拠は，上記の 6 つのうち①本人の同意と，⑥正当な利益のいずれかであるが，ChatGPT を提供する OpenAI 社は，訓練に利用された個人データの情報主体から同意

を得ていない。

　というのも個人データがインターネット上で公開されており，インターネット上で誰もが自由に閲覧可能であるからといって，情報主体の推定的同意や黙示的同意が認定されるわけではないからである。

　そこで，焦点となるのは，正当な利益が認められるか否かである。

　正当な利益があると認められるためには，管理者によって求められる正当な利益の目的のために個人データの処理が必要となることが要件となるが，管理者の利益よりも，個人データの保護を求める情報主体の利益が優先する場合には正当な利益は認められないことになる。すなわち，サービス提供者の利益と情報主体の利益を比較考量して前者の利益が後者の利益を上回り，後者の利益を侵害することがない，または，侵害の程度が合理的に軽減されているかを検証するプロセスが必要となる。

　この正当な利益の判断においては，①個人データの利用が真に必要であるか，②情報主体にとって他のより緩和されたプライバシーへの影響度の低い手段はないか，③プライバシーへの影響度を緩和する措置を講じた上で，管理者と情報主体の利益がバランスするかのバランシングテストを経る必要がある。

　この点，OpenAI社は，オープンAIプライバシーポリシー（2023年4月27日更新版）[5] において，総花的にGDPRに基づく法的根拠を列挙しているが，本質的には，正当な利益が認定されるか否かが焦点となり，それを対個人データ保護機関や対ユーザおよび社会全体に対して立証・説明をする責任が求められる。現に，OpenAI社では，FAQ「ChatGPTと言語モデルの開発方法」[6] において，正当な利益の根拠を示し，PIA（プライバシー・インパクト・アセスメント）を完了した旨を公表しているが，今後，このPIA結果の説明が求められ，その妥当性について各国の個人データ保護機関による検証がなされることになろう。

---

5　https://openai.com/policies/privacy-policy
6　https://help.openai.com/en/articles/7842364-how-chatgpt-and-our-language-models-are-developed

## 【オープン AI プライバシーポリシー和訳（一部抜粋）】

> 9．海外ユーザ
>
> EEA，英国，スイスのユーザに対しての処理の法的根拠
>
> 　お客様の個人データを処理する当社の法的根拠は以下の通りです。
>
> ● 当社が当社サービスを提供し，維持するため，お客様との契約を履行すること。
>
> ● 当社サービスを悪用，詐欺，またはセキュリティリスクから保護するため，または当社のモデルを訓練する場合を含め，当社サービスを開発，改善，促進するための当社の正当な利益。
>
> ● 当社が，お客様にお伝えした特定の目的のためにお客様の個人データを処理することについて，お客様の同意を求める際の同意。なお，お客様は，いつでも同意を撤回する権利を有します。
>
> ● 適用される法律を遵守するため，または当社もしくは当社の関連会社，ユーザ，第三者の権利，安全，財産を保護するためにお客様の個人データを使用する際，当社の法的義務を遵守すること。

## 【ChatGPT の FAQ 和訳（一部抜粋）】

> 　ChatGPT の開発は，個人情報保護法をどのように遵守していますか？
>
> 　当社はトレーニングデータを適法に利用します。……また，当社がトレーニング情報を利用することは，個人に悪影響を与えるものではなく，このトレーニング情報のソースはすでに一般に公開されています。これらの理由から，当社はトレーニング情報に含まれる個人データの収集と利用を GDPR のような個人情報保護法に従った正当な利益に基づいて行っています。また，当社は，コンプライアンス上の義務を果たすため，情報を適法かつ責任を持って収集・利用していることを確認するための PIA（プライバシー・インパクト・アセスメント）を完了しました。

## (3)　個人データの正確性保持義務

　ChatGPT による情報提供が実際の個人データと必ずしも一致しない場合があるため，個人データ処理の正確性に欠け，個人に関する不正確な情報が提供

される可能性があることが指摘されている。GDPR 5条1項(d)は，個人データが，正確であり，かつ，最新の状態に維持されなければならず，その個人データが処理される目的を考慮した上で，遅滞なく，不正確な個人データが消去または訂正されることを確保するためのすべての手立てが講じられなければならない，としている。

　この点，OpenAI社では，オープンAIプライバシーポリシー（2023年4月27日更新版）において訂正権とその訂正手続きを用意した。ChatGPTサービス上，個人データについては，未だ不正確な情報が提供されることが多く，その精度を上げるためにはより大量の個人に関する訓練データを使用する必要があるが，他面，個人データの収集をいかなる法的根拠で行うかの問題があり，今後も個人データの正確性については課題が残ると思われる。

## 【オープンAIプライバシーポリシー和訳（一部抜粋）】

4．お客様の権利
● 個人データの正確性
　ChatGPTサービスは，ユーザのリクエストを読み，次に表示される可能性の高い単語を予測することで回答を生成します。最も可能性の高い次の単語が最も正確なものであるとは限りません。そのため，ChatGPTの出力の正確性について，信頼すべきではありません。ChatGPTの出力にあなたに関する不正確な個人データが含まれ，その不正確さを訂正することを希望する場合，dsar@openai.com に訂正のリクエストを提出することができます。当社モデルが技術的に複雑であるため，不正確な個人データを修正できない場合があります。この場合，このフォームに記入することで，ChatGPTの出力からお客様の個人データを削除するようリクエストすることができます。

**【図表 4 - 1】** OpenAI 個人データ削除フォーム（OpenAI Personal Data Removal Request）

# OpenAI Personal Data Removal Request

Under certain privacy or data protection laws, such as the GDPR, you may have the right to object to the processing of your personal data by OpenAI's models. You can submit that request using this form.

Please provide complete, accurate, and relevant answers on this form for evaluation. OpenAI may use additional sources to verify information, balancing privacy and free expression in accordance with applicable law. Submitting a request does not guarantee that information about you will be removed from ChatGPT outputs, and incomplete forms may not be processed.

Read this Help Center article for more about how we collect and use personal data to develop ChatGPT.

**Your information**

Please provide your own full legal name, even if you are making the request on behalf of someone else. If you are submitting the request on behalf of someone else, you must have the legal authority to act on their behalf.

First name *

Last name *

Email *

Please provide an email address we can use to contact you about your request.

Country whose law applies *

Please select the country whose law applies. Typically your country of residence.

Japan

## (4)　子どもの個人データの利用

　OpenAI が13歳未満の子どもが ChatGPT を利用できないように年齢確認を実施していないことが指摘されている。

　この点，GDPR 上は，子どもが16歳未満の場合，個人データの処理は，その子どもの親権者によって同意が与えられた場合に限り適法となり（GDPR 8 条 1 項），管理者は，利用可能な技術を考慮に入れた上で，子どもの親権者によって同意がなされたことを確認するための合理的な努力をするものとしている（同条 2 項）。

　この点，OpenAI 社では，オープン AI プライバシーポリシー（2023年 4 月

27日更新版）においては，13歳未満の子供の個人データを知りつつ収集することはない旨などを明記し，また，ChatGPT のサインアップの際に生年月日を確認する仕組みやユーザが保護者の同意を得ていることを確認する仕組みを実装した。

**【オープン AI プライバシーポリシー和訳（一部抜粋）】**

> 6．子供
>
> 　当社のサービスは，13歳未満の子供を対象としていません。当社は，13歳未満の子供の個人データをそれを知りつつ収集することはありません。13歳未満の子供が本サービスを通じて個人データを提供したと信じるに足る理由がある場合は，legal@openai.com にメールでご連絡下さい。当社は，ご連絡内容を調査し，適切な場合には，当社のシステムから個人データを削除します。13歳以上18歳未満の方が当社のサービスを利用する場合は，親または保護者の同意が必要です。

　以上のとおり，イタリアの個人データ保護機関（GPDP）は4月28日，GPDP が指摘した GDPR 上の問題点に関し，OpenAI が改善策を講じたことから，OpenAI に対する暫定的な個人データの利用制限措置を解除したと発表した。もっとも，この解除措置で GDPR 上の問題はすべて解決済みというわけではなく，今後も欧州データ保護委員会（EDPB）が設置したタスクフォースの下で事実関係の調査が継続されることに留意が必要である。

# 6 ┃ 過去の法執行（エンフォースメント）事例

## (1) 旧ウェイト・ウォッチャーズ事例

　上記のように ChatGPT の事例では，ひとまず法執行は回避され，サービスの継続は維持されたが，過去事例において，訓練データの収集が違法であるという個人情報保護の問題から，法執行まで実施された事例はあるか。

　この点，米国連邦取引委員会（FTC）は，2022年3月に，WWインターナショナル社（旧ウェイト・ウォッチャーズ）と和解し，同社に対して，①150万ドルの罰金の支払，②違法に入手した13歳未満の子供の個人データの削除，さらには，③当該個人データから生成されたアルゴリズムの破棄を求めた事例がある。WWインターナショナルが，8歳の子ども向けに販売されている健康プラットフォーム「Kurbo」において，親の同意無く子供の個人データを違法に収集したことが理由である。

## (2)　法執行（エンフォースメント）としてのアルゴリズムの破棄

　これまで，FTCの法執行としては，罰金と個人データの削除を命じてきたケースがあるが，本事例では，そこから一歩踏み込んで，アルゴリズムの破棄を求めている。

　かかるアルゴリズムの破棄は，違法に収集されたデータセットに基づき生成されたとは言え，ひとたび獲得した企業の知的財産を剥奪するという重大な効果がある。企業が違法にデータを収集した場合，そのデータセットを使って開発したアルゴリズムは今後使用できない，という明確なメッセージを表明した新しいアプローチと言える。

　なお，かかる法執行の手法が，各国の個人情報保護法に基づく法執行として制度的に可能か否かは別途，検討する必要があるが，サービス提供企業としては，個人情報保護法上の問題は，サービスの存続を揺るがす致命的なリーガルリスクを孕んでいると捉えるべきと言える。

# 7 | LLMを利用したサービスにおける日本の個人情報保護法上の問題点

　では，ChatGPTサービスなどLLMを利用したサービスが日本の個人情報保護法においてはどのように評価されるか。日本の個人情報保護法とGDPR

では，規制体系および規制態様が大きく異なるため，GDPR と対比しながら，日本の個人情報保護法プロパーの問題として別個に検討する。

## (1)　個人情報の収集・利用

　日本の個人情報保護法では，収集する個人情報が要配慮個人情報である場合には同意が必要であるものの（個人情報保護法20条 2 項），それ以外の個人情報の収集については，情報主体からの同意取得は不要であり，サービス提供企業は，個人情報の利用目的を通知・公表すれば足りる（同法21条）。

　GDPR では，個人データの収集・利用を含む処理行為全般について，適法化の法的根拠が必要であるが，日本の個人情報保護法では，違法または不当な行為を助長し，または誘発するおそれがある方法など不適正な個人情報の利用が禁止される（同法19条）にすぎず，本人の同意や正当な利益などの法的根拠までは要求されず，GDPR のような大きな課題とはならないものと考える。

　なお，ChatGPT の個人情報の利用行為が，「不当な行為を助長し，又は誘発するおそれがある方法」（同法19条）に該当するかが問題となり得るが，個人情報保護法その他の法令の制度趣旨または公序良俗に反する等，社会通念上適正とは認められない行為（個人情報の保護に関する法律についてのガイドライン（通則編） 3 - 2 ），とまでは認定され難いであろう。同様に，ChatGPT の個人情報の収集行為が，「偽りその他不正の手段により個人情報を取得」（個人情報保護法20条）することに該当するかが問題となり得るが，この点も情報主体の意思に反する個人情報の不正な収集行為など問題となる場面は限定的であると思われる。

## (2)　個人データの正確性保持義務

　日本の個人情報保護法では，「個人データを正確かつ最新の内容に保つとともに，利用する必要がなくなったときは，当該個人データを遅滞なく消去するよう努めなければならない。」（個人情報保護法22条）としており，あくまで個人データの正確性保持については努力義務にとどまる。

### ⑶　子どもの個人データの利用

　日本の個人情報保護法では，子どもの個人データの利用についての保護は，子どもも大人も同等であり，子供の個人データを特別な法的保護を与えてはいないため，この点も GDPR のような大きな課題とはならないものと考える。

### ⑷　日本の個人情報保護法での評価

　以上のとおり，LLM を利用したサービスにおいては，日本の個人情報保護法上では，サービス維持が不可能となる大きな課題となる論点はないと言える。もっとも，日本の個人情報保護法上の違反事由がないことが，LLM を利用したサービスの訓練データの情報主体からのプライバシー侵害を理由とする損害賠償や差止請求の可能性をも排除することを意味しない。その観点からは，日本の個人情報保護法が適用される日本国内に閉じたサービス設計においても GDPR 上の論点の分析が大いに参考となるものと考える。

# 8 ｜ 今後の ChatGPT サービスの展望と課題

### ⑴　オプトアウトの機能追加

　OpenAI は，4 月25日，ChatGPT のチャット履歴を保存せず，モデルの訓練とサービスの改良に使用されない機能追加を発表した。ChatGPT のユーザは，設定により，Chat Histroy & Training をオフにすることで，ユーザが入力したチャットはモデルの訓練に使われない。

## 【図表4－2】ChatGPTの設定画面

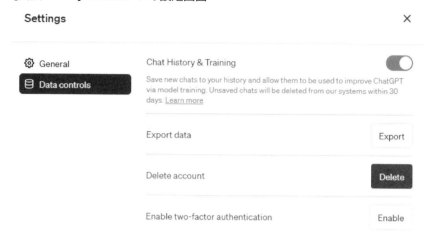

## (2)　改良されるChatGPTのサービス

オプトアウトの追加機能を含めChatGPTのサービス設計は，個人データ保護機関の指摘に対応するためや，ユーザへの信頼性確保の目的から日々改良が加えられており，それに伴い今後も利用規約・プライバシーポリシーも継続的に改訂がなされることが予想される。

そのため，ChatGPTをベースとしたサービスを開発する事業者は，自社サービス設計をする際に，最新のChatGPTのサービス仕様，利用規約・プライバシーポリシーを常にウォッチし，タイムリーに自社サービスに反映するとともに，法令対応のみならず，事業継続性の観点からユーザに安心して受け入れられるサービス設計を継続的に模索することが求められると言えよう。

# ChatGPT を個人・ビジネスで利用する際の留意点

# 第 5 章

## I　ChatGPT の利用上留意すべき関係法律の整理と簡単な概要

阿部・井窪・片山法律事務所　弁護士　**辛川　力太／佐藤　健太郎**

## 1 ｜ 本稿の目的

　ChatGPT は利用のハードルが低く，日常的に何らかの創作活動や情報発信活動を行っているわけではない者であっても，簡単に創作（一定の生成物の創出）や創作されたものの発信をすることができる点に特徴がある。本稿では，日頃そうした活動を行っておらず，これにまつわる法律に知見のない者が，不特定の「AI」ではなく，「ChatGPT」を「利用」することを念頭に置いたときの関係法律の整理とその概要の説明を試みる。

## 2 ｜ 留意すべき関係法律の整理

### (1)　指示を入力する際に留意すべき関係法律

　ChatGPT を利用する際，利用者が最初に行うのは，ChatGPT に対する何らかの指示の入力である。ここでいう指示の入力とは，「●●について調べてくれ」，「顧客情報を整理した表を作成してくれ」，「今後想定している取引について一緒に考えてくれ」といった指示を意味する。

　これらのような指示を入力する際，同時に，利用者から ChatGPT に対して，何らかのデータが提供される場合も考えられよう。例えば「顧客情報を整理した表を作成してくれ」との指示を与える際に，整理のもととなる顧客に関する情報も ChatGPT に与えることとなろう。

　このような外部への情報の開示・提供という点で関係するのは，第一に個人情報保護法であろう。同法は，一定の形式で管理されている個人情報について，第三者への提供等に制限を設ける法律である。ただし，後記3(1)において述べるが，あらゆる個人情報の利用が規制対象になるわけではない。

　また，ChatGPT に既存の創作物（例えば，小説やソースコード）を入力することは，その行為自体が著作権侵害を構成し得る。

　次に，取引相手の情報を入力する場合には，契約で秘密保持義務を負っている場合はもちろんのこと，契約がない場合であっても，民法上の不法行為に該当する可能性がある（後記3(4)）。

　会社等の組織に所属する者が自社のビジネスに関する情報を入力する場合には，当該組織の規律に違反するだけでなく，当該組織との関係で上記と同様民法上の不法行為または債務不履行に該当する可能性もある。また，当該組織がその情報を不正競争防止法により保護される「営業秘密」として管理している場合には，保護を失わせることになりかねない。

　もちろん，そのような重要性の高い情報を ChatGPT に入力することや，取引先の秘密情報を入力した事実を取引先に知られることは考えにくいものの，「関係法律」を洗い出すならば上記のとおり整理できよう。

## (2)　生成物の利用時に留意すべき関係法律

　ChatGPT は指示の入力を受けて何らかの回答（生成物）を出力するシステムである。そこで，指示を入力した者が，出力された生成物を利用する場合について整理する。なお，現状，ChatGPT 単体による生成物は文字情報および簡単な図表に限られているため，以下の整理はかかる前提によるものである。ただし，生成された文字情報を利用することにより，これらにとどまらない生

成物が生まれる可能性があるため，念のためその点にも言及したい。

　まず，ある事項について ChatGPT に質問をした際，正確な回答が得られるとは限らず，その回答には事実と異なる内容が含まれる可能性がある。そのため，例えば利用者が特定の個人や法人について ChatGPT に質問をし，得られた回答の真偽を確認せずにこれを利用した場合，当該個人や法人に対する信用毀損や名誉毀損に当たる可能性があり，この場合は，民法および刑法が関係する。その他，内容虚偽の回答を広告等に使用した場合には景品表示法や消費者保護法，業種によっては薬機法等も関係する余地がある。自社のビジネスに関する情報の真偽を確認せず漫然と広告等に使用することは考えにくく，紙面の都合もあるため詳細には立ち入らないが，これらの表示規制も関係し得ることは留意されたい。

　次に，既存の他の創作物（小説等の文章，データベース，プログラム，ロゴ等）に類似する生成物が出力され，それを利用する場合には，著作権法，商標法，不正競争防止法，民法が問題になり得る。なお，現状，ChatGPT がそれ単体で直接生成できるのは主として文字や簡単な図表にすぎないため，主に製品デザインに関係する意匠法が問題となることは少ないであろう。また，発明に関する特許法や実用新案法については，現状の ChatGPT の能力からすると，発明が生成されるとは考えがたく，これらの法律も本稿における検討の対象外とする。ただし，ChatGPT を含む AI 技術の発達は著しく，遠からぬ将来，ChatGPT との関係でこれらの法律が問題になる可能性もあり得よう。

　また，生成物を利用した後に，第三者が当該生成物をそのまま利用したり，改変して利用したりする場合も想定される。このような二次利用の場面では，ChatGPT を利用して最初に当該生成物を生成した者が第三者に対して何らかの請求ができるか，すなわち，当該生成物について法的な権利が発生しているか，という視点で上記と同様に著作権法等が関係する。

## ⑶　ChatGPTを利用したサービスの提供に際して留意すべき関係法律

　ChatGPTの「利用」の方法としては，上記⑴および⑵のように，ChatGPT（を提供するOpenAI社）が提供するサービスを直接（消費者として）利用する場合の他，APIによってChatGPTを組み込んだ新たなサービスを消費者に対して提供する場合も考えられる。

　この場合には，当該サービスが一定の有資格者の独占業務に該当しないか検討する必要がある。弁護士法，税理士法等がこの例である。

　また，提供するサービスに関してChatGPTとの名称を押し出したい場合も多いと思われるが，その際には「ChatGPT」との名称（あるいはこれに類似する名称）やそのロゴ等の利用について商標法が適用され，一定の場合にはOpenAI社の許諾が必要となる。本原稿執筆時点において，OpenAI社はブランドガイドラインを公表しており，許諾されている利用態様や利用条件等の参考になり得る。

　そして，提供するサービスについては，ChatGPTの性能に応じた適切な表示をしなければならない。ChatGPTの性能が注目されていることに乗じて提供するサービスが万能であるかのごとく表示することは，不正競争防止法，景品表示法，消費者保護法等との関係で問題になり得る（これらの法律は，何らかのサービスを提供する場合にChatGPTと関係なく常に留意すべきものである）。

　さらに，仮に法律との関係では問題ないとしても，OpenAI社の利用規約に違反している場合には，規約違反の責任を問われ，場合によってはローンチしたサービスからの撤退を強いられる可能性も否定できない点には留意されたい。

## ⑷　小　括

　上記⑴～⑶で述べたところから，ChatGPTの利用に際して主として留意すべき関係法律をまとめると【図表5－Ⅰ－1】のとおりとなる。次は，これらの法律について概要を簡単に説明したい。

**【図表5－Ⅰ－1】ChatGPT の利用に際して留意すべき主な関係法律**

|  | 指示入力 | 生成物利用 | サービス組込み |
|---|---|---|---|
| 個人情報保護法 | ○ |  |  |
| 著作権法 | ○ | ○ |  |
| 不正競争防止法 | ○ | ○ | ○ |
| 民法 |  | ○ |  |
| 刑法 |  | ○ |  |
| 各種業法 |  |  | ○ |
| 商標法 |  | ○ | ○ |
| 景表法等 |  | ○ | ○ |

# 3　関係法律の概要

## (1)　個人情報保護法

　個人情報保護法が設ける各種の規制は，主として，民間では「個人情報取扱事業者」，すなわち「個人情報データベース等を事業の用に供している者」を名宛人としている。個人情報取扱事業者に当たらない者が他人の個人情報を利用することは，同法では禁止されていない。なお，「個人情報」は同法2条1項で定義されているが，主として，生存する個人に関する情報であって，その情報に含まれる記述等により特定の個人を識別することができるものをいい，これが検索等のために体系的に構成された集合物を「個人情報データベース等」という。また，「個人データ」とは，個人情報データベース等を構成する各個人情報を意味する。

　同法が個人情報取扱事業者に課している主な義務としては，①利用目的の特定等およびその目的の範囲を超える利用の制限（17条，18条，21条），②第三者提供の制限（27条）が挙げられる。

　まず，①利用目的との関係では，法は，利用目的を「できる限り」特定しな

ければならないとしているが，当該目的を達成するために使用するツールの特定までは不要であり，本人が利用方法を合理的に予測できる程度に特定すれば足りるものと解される。ChatGPT を利用する主な目的は，個人情報の集計，整理や分析等にあるものと考えられるが，例えば，「購買履歴等の情報を分析して趣味嗜好に合わせた提案を行う」といった内容がプライバシーポリシーに記載されていれば，当該目的のために ChatGPT を使用することは問題ないといえる。なお，利用目的に含まれていない目的で利用するためには，原則として本人の同意を得なければならない。

　②第三者提供の制限とは，一定の場合を除いて，保有する個人データを第三者が利用可能な状態に置いてはならない，という規律である。ここでは，ChatGPT への入力という行為が第三者への提供に当たるかが問題となる。参考になるのは，クラウドサービスを利用した個人データの管理について，個人情報保護委員会が「クラウドサービス提供事業者が，**当該個人データを取り扱わないこととなっている場合には……個人データを提供したことにならない**」と説明している点である[1]。そこで，OpenAI 社が「個人データを取り扱わない」かどうかを確認すると，本稿の執筆時点（2023年 5 月）では，API をとおして入力された情報は常に利用されず，API を介さず入力された情報は ChatGPT の「training」をオフにすることで利用されなくなる旨の記載がある[2]。そのため，ChatGPT が実際にこの記載に従って運用されている場合，「training」をオフにすれば OpenAI 社は「個人データを取り扱わない」事業者であり，第三者提供に当たらないとの整理も可能であると思われる。ただし，そうでない場合，ChatGPT の利用規約上，利用者が ChatGPT に提供したコンテンツは，その機械学習に利用されることとなっており（本稿執筆時点における利用規約の 3 . (c)），第三者提供に該当するとされる余地がある。そして，OpenAI 社は海外法人であるため，ひとたび第三者提供に当たるとすると，課される制限

---

1　個人情報保護委員会「『個人情報の保護に関する法律についてのガイドライン』に関する Q&A」Q7-53。

2　"How your data is used to improve model performance"（https://help.openai.com/en/articles/5722486）。

は国内の第三者への提供に比して厳しいことに留意が必要である（28条）。

## (2)　著作権法

### (ア)　著作権法の基本的概念

　著作権法は、「著作物」の利用や、著作物について生じる「著作権」の行使について定める法律である。同法において「著作物」とは「<u>思想又は感情を</u>創作的に<u>表現</u>したものであつて、文芸、学術、美術又は音楽の範囲に属するもの」と定義されている（2条1項1号）。著作物として認められるには「創作的」な表現でなければならず、ありふれた表現は著作物たり得ない。なお、後述するとおり、ChatGPT との関係では、「思想又は感情を…表現」したものとされている点がポイントである。そして、「著作権」とは、原則として著作物を創作した者（著作者）に与えられる、一定の方法で著作物を利用する権利である。

　著作権により保護される著作物の利用方法は著作権法に規定されており、「複製」、「翻案」、「譲渡」など多岐にわたる。著作権者以外の者が著作権者の許諾なくこれらの行為を行う場合に著作権侵害が成立し、著作権者は、著作権侵害を行う者に対して、損害賠償請求や侵害行為の差止請求（112条）等をすることができる。

　なお、ChatGPT それ自体は対話型の AI であり、少なくとも今日時点では、出力される情報は文字または簡単な図表であるため、著作権法との関係では言語の著作物（小説等の文章全般）、データベースの著作物（内容や整理方法に特徴のあるデータベース）、プログラムの著作物（創作的表現が含まれるソースコード）が想定されるにとどまる（ChatGPT にロゴの生成を依頼すると SVG コードの形で出力され、それを利用することで簡単なロゴを生み出すことも可能なようであるが、少なくとも本稿執筆時点で筆者らは、そのように生成されるロゴが著作物といえるほどの創作性を備えていると言えるかは微妙であると考えているため、商標法との関係で触れることとする。また、Stable Diffusion 等のイラスト生成 AI に入力すべき文言を ChatGPT に生成してもらうという方法をとれば間接的にイラストを生成することも可能である。しかし、

イラスト生成AIは，同じ指示に対して常に同じイラストを生成するわけではなく，そのイラスト自体はイラスト生成AIの生成物であるため，本稿では検討の対象外とした）。

### (イ)　他人の著作権侵害の可能性

#### ①　著作権侵害の要件等

　既存の著作物を入力し，その改変を指示するような場合には，著作物を入力する行為自体「複製」として著作権侵害となり得るし，人が既存の著作物を改変する場合と同じく，生成物による著作権侵害の可能性は高い。そのため，以下では，ChatGPTに対し，「●●文字で～というあらすじの小説を作って」という程度の指示のみを行って生成された文章を利用する場合を想定することとする。

　著作権侵害が成立するのは，①ある著作物に依拠して，②当該著作物と同一または類似する表現物を利用（複製，翻案等）した場合である。②については，既存の著作物と似ているかどうかという点が問題となるため，ChatGPTの生成物であることの特殊性はないが，典型的には，当該既存の著作物に固有の表現が再現されているかが論点となる（ありふれた表現が類似しているだけでは侵害にはならない）。

　他方，①との関係では，ChatGPTによる生成の過程で当該既存の著作物に「依拠」したといえるかが問題となる。「依拠」とは，既存の著作物に基づいたり参考にしたりすることをいう。依拠したといえない場合，すなわち，偶然表現が似てしまった場合には著作権侵害は成立しない。従前，依拠の有無はおおむね，❶元となる著作物にアクセスできる状況だったか，❷類似性の程度等から参照したことが推認されるか，という視点で判断されてきた。ChatGPTとの関係で，これらの視点に照らして検討するならば，❶一般的にアクセス可能なほぼすべての著作物については特別な事情がない限りアクセス可能と思われるから，主に❷類似性の程度から依拠の有無を推認することになると思われる。ただ，学習データの中に問題となる既存の著作物が含まれていないことが立証された場合には，❶が否定される。また，そもそも既存の著作物がAI学習の

段階でパラメータ化されている場合には「表現」に依拠していないため依拠性が否定されるべき，との見解もある[3]。なお，類似性の程度を判断する際，既存の著作物と「作風」が似ているだけで，著作権侵害が成立するとは判断されていない。「作風」というのは具体的表現に至らないアイディアであり，それ自体は著作物に該当しないためである。

　①依拠性および②同一または類似性が認められる場合には，当該生成物を生み出す行為自体が「複製」や「翻案」という侵害行為に当たるほか，その生成物をインターネットで公表すれば「公衆送信」に該当する。複製や翻案という生成行為それ自体は ChatGPT が行っているものの，それは人が道具として ChatGPT を使っているのであり（その意味で小説を書くために使用される文章作成ソフト等と同じ），利用者自身が権利侵害を行っていることになる。

② 特に関係する条項

　ChatGPT が既存の著作物を利用する過程は，①学習と②それに基づく生成物の出力に大別できるが，①学習との関係では著作権法30条の４が，②出力との関係では同法47条の５が，それぞれ規定を設けている。①の学習過程が直接関係する利用者は必ずしも多くないと思われるが，API を利用して ChatGPT に特定のデータを学習させて利用する場合には重要である。

　著作権法30条の４は，「著作物に表現された思想又は感情を自ら享受し又は他人に享受させることを目的としない場合」には，「必要と認められる限度において」著作物を利用することができる旨を定めており，これにより AI による学習が著作権法上適法とされている。ChatGPT に学習させる目的がなくとも，指示の中で著作物を利用する場合には，この規定の適用を受けるかが問題になり得るだろう。

　また，著作権法47条の５は，電子計算機により情報解析と結果の提供を行う場合に，軽微といえる限度で既存の著作物を利用することができる旨を定めている。「軽微」かどうかは，利用に供される部分の割合，量，表示の精度その

3　奥邨弘司「技術革新と著作権法制のメビウスの輪」コピライト702号10頁。

他の要素から判断するとされている。ChatGPT の生成物の中で特定の著作物が利用されているとしても，その量や割合は極めて少ないことが通常と思われるため，本条項によって，生成が著作権法上適法とされる。もっとも，依拠性が認められるほど特定の著作物との類似性が認められる場合には，もはや軽微利用とはいえず，本条項は適用されないだろう。

### ㈡　生成物の著作物該当性（生成物に関する権利主張の可否）

上記㈣とは反対に，ChatGPT を利用して生成した創作物が他人に勝手に使用された場合に，ChatGPT の利用者が何か主張できるのか。上記のとおり，著作権侵害が成立するためには，「著作物」への依拠および「著作物」との同一性または類似性が必要であるため，そもそも ChatGPT の生成物が「著作物」といえるかが問題となる。

この点については，まず，ChatGPT が生成したものは「思想又は感情」に由来する表現ではないため，原則として著作物に当たらないと考えられる。生成物が著作物と認められるのは，生成の過程で人が創作的な寄与をしている場合（出力された具体的な表現の創作に一定程度関与している場合）であるが，指示それ自体は「表現」ではなく単なるアイディアであるし，いかなる過程で表現が生成されるかはブラックボックスであるため，創作的寄与が認められる場合は限定的であろう（画像生成 AI であればまだしも，ChatGPT の利用時に創作的な寄与をすることは考えにくい）。

また，著作権法の具体的な条文との関係もさることながら，ChatGPT 等 AIの生成物が著作物として保護されるとすると，世の中に非常に多くの著作物があふれることになる。そうすると，創作を行う者は，そうした著作物についての権利を侵害しない形で創作を行わなければならず，創作活動が過度に抑制されてしまう。

そのため，ChatGPT の生成物が第三者によって無断で使用された場合に，ChatGPT の利用者が著作権侵害を主張することは難しいと言わざるを得ない。もっとも，生成物に一定の加工・修正等の作業を行った場合には，その作業を行った者が一定の著作権を取得する可能性がある。

## (3) 不正競争防止法

不正競争防止法は，様々な行為を「不正競争」として制限している法律で，同法に基づき，不正競争を行う者に対する損害賠償請求や差止請求（3条）等をすることができる。

不正競争防止法は，一定の要件の下，秘匿されるべき営業上の秘密を「営業秘密」として保護し，これを第三者が利用することを不正競争として規制している（同法2条1項4号等）。もっとも，「営業秘密」としての保護を受けるためには，当該情報が「秘密として管理」されている必要があるため，もし，会社が秘密として管理している情報を従業員がChatGPTに入力してしまうと，それによって秘密管理性が失われ，営業秘密としての保護が受けられなくなる可能性がある。

また，不正競争の一種として「他人の商品の形態を模倣」した商品の譲渡等が禁止されている（2条1項3号）。そして，裁判例上，ソフトウェアを操作して表示される画面の形状，模様，色彩等が「商品の形態」に当たり得ることが判示されている（東京地判平成30年8月17日）（もっとも結論としてはこのような主張をした原告の請求を認めていない）。そのため，ChatGPTが生成したソースコードに基づいて作成したソフトウェアやWebサイトの表示に関して不正競争防止法上の問題があり得る（この場合も著作権法と同様，依拠性が問題となる）。

また，後記の名誉毀損と類似するものとして，「競争関係にある他人の営業上の信用を害する虚偽の事実」を告知・流布することも不正競争の一類型とされている（2条1項21号）。

## (4) 民 法

### ㋐ 指示入力の場面

取引先の情報をChatGPTに入力する際，契約上，秘密保持義務を負っているのであればその義務に違反することは言わずもがなであるが，仮に明示的に義務を負っていないとしても，民法上の信義則を理由に秘密保持義務が認めら

れ，債務不履行責任や不法行為責任を負う可能性がある（なお，会社の従業員
は，就業規則や個別の合意に基づく秘密保持義務がなくとも，会社の秘密情報
について労働契約法上の信義則に基づき秘密保持義務を負うと解されているた
め，取引先ではなく自社の情報を入力することも同様に問題となる）。

### (イ) 生成物利用の場面

#### ① 生成内容の真実性との関係

　虚偽の情報を含むChatGPTの回答をそのまま利用し，不特定多数の人の目
に触れさせた場合には，名誉毀損や信用毀損として民法上の不法行為責任を負
う可能性がある。

　ただ，これはGoogle等の検索エンジンで検索した情報に基づいて情報を発
信する場合と大きく異ならず，ある情報を公開した場合に名誉毀損等の問題が
生じるかどうかは，法的知識がなくとも比較的判断しやすいはずである。
ChatGPTが出力した情報のうち，人の名誉等を毀損する可能性がありそうな
部分について特に注意深く真実性を確認すべきであることは言うまでもない。
さらに，情報が真実であったとしても，公共の利害に関する事実でなく，また
は公益目的によらずなされた情報発信（例えば全くの一般人に関する情報発信
等）については責任を負う可能性がある。

　なお，一般論としては，虚偽の情報を発信してしまった場合でも，相当の根
拠に基づいて当該情報が真実だと誤信した場合には名誉毀損の違法性が否定さ
れる可能性がある。しかしながら，ChatGPTの回答は，それだけでは誤信を
正当化する「相当の根拠」には当たり得ないだろう。

#### ② 生成内容の類似性との関係

　ChatGPTの生成物が既存の創作物と類似する場合，一次的には上記のとお
り著作権法や不正競争防止法との関係が問題になる。もっとも，裁判例上，そ
うした法律に基づいて既存の創作物の製作者の権利が認められない場合であっ
ても，模倣行為を民法上の不法行為と認めた例も存在する（例えば，ニュース
記事のタイトルそれ自体は著作物に当たらず著作権侵害は成立しないものの不
法行為に当たるとした事例（知財高判平成17年10月6日）など）。ChatGPTと

の関係で特に問題になり得るものとしては，Webサイトのデザインが考えられる。Webサイトのデザインそれ自体が著作権法や不正競争防止法の保護を受けるハードルは高いが，ChatGPTが生成したデザイン（当該デザインを表示するためのソースコード）が既存のサイトに相当程度類似している場合には民法に基づいて損害賠償請求等をされる可能性がある（もっとも，不法行為に該当するのは社会通念を逸脱した特別な事情があるなど悪質な場合に限られている）。

## (5)　刑　法

　名誉毀損や信用毀損に関しては，民事上の責任を負うだけではなく，刑法上の名誉毀損罪や信用毀損罪といった犯罪が成立し得る。民法との関係では，名誉毀損と信用毀損の違いはあまり問題とならないが，刑法上は，前者が広く社会的評価を毀損する罪であるのに対し，後者は経済的評価を毀損する罪である点で異なっている。また，名誉毀損罪は内容が真実であったとしても成立し得るが，信用毀損罪は内容が虚偽の場合にしか成立しない。

　なお，ChatGPTに対する指示の仕方によってはコンピューターウイルスを作らせることも可能ともいわれており，そのような使い方をすれば刑法上の電子計算機損壊等業務妨害罪や不正アクセス禁止法違反等になり得ることは言うまでもない。

## (6)　業務独占に関する各法律

　従前一定の職種が提供してきた行為について，消費者がChatGPTの助けを得て自ら行えるようにするサービスを提供することが考えられる。この場合には，特定の行為を業務として行える者を有資格者のみに限定している各法律に留意する必要がある。ChatGPTが得意とする書面作成や大量のデータ分析・整理に関する業務としては以下のようなものがある。

- 税務書類の作成等（税理士法52条，2条1項）
- 報酬を得る目的で訴訟事件等その他一般の法律事件に関して法律事務を取り扱うこと（弁護士法72条）
- 法務局または地方法務局に提供する書類の作成等（司法書士法73条1項，3条1項2号）
- 官公署に提出する書類その他権利義務または事実証明に関する書類の作成（行政書士法19条1項，1条の2）

　2022年10月には，AIによる契約書レビューサービスについて，グレーゾーン解消制度を利用した適法性確認に対する法務省の回答が公表された。その解答の中で，法務省は，当該サービスが弁護士法72条の「法律事務」に該当すること（＝弁護士法違反の可能性）は否定できないとの見解を示している。そのため，サービスのローンチにあたっては入念な検討が必要である。

## (7)　商標法

　ChatGPT に指示して出力させた SVG コード（特定の画像を表現するソースコード）からロゴを生成した場合に，そのロゴが既存の登録商標と類似している可能性がある。そのため，当該ロゴを使用する際には，他社の商標権を侵害しないか留意しなければならない。

　商標法は登録されている商標について「商標的使用」を行うことができる者を商標権者に限定している。商標的使用とは簡単にいえば，商品またはサービスに商標が付された商標の存在によって当該商品等の出所が識別されるような形で商標を使用することである。登録商標ごとに対象の商品・サービスの種類が指定されており，異なる分野でその商標を用いることは商標権侵害とならない。

　なお，ChatGPT を組み込んだサービスを提供する場合に，ChatGPT を利用している旨を表示すること自体は，商標的使用でないため基本的には商標権侵害とはならないが，OpenAI 社の利用規約およびブランドガイドラインに違反しないよう注意しなければならない。

# Ⅱ　ChatGPTを個人（フリーランス）で利用する際に注意すべきこと

阿部・井窪・片山法律事務所　弁護士　辛川　力太／柴崎　拓

　本稿では，フリーランス（個人事業主）がクライアント（発注者）から業務を受託して自らの事業を行うに際し，ChatGPTを使用する場合に注意すべき点について整理を試みる。

## 1　ChatGPTの利用に際して留意すべき法令，契約等

　まずChatGPTの利用が法令に違反し，あるいは法令上認められた第三者の権利の侵害になってしまわないかという観点から，フリーランスが留意すべき法令について整理を行う（後記(1)）。その上で，仮に法令違反等にはならないとしても，それとは別の問題として，フリーランスがクライアントとの間で締結している業務委託契約に違反してしまわないかという観点から，典型的な業務委託契約を念頭に，留意すべきポイントについて解説を試みる（後記(2)）。

### (1)　法　　令

　フリーランスがChatGPTを利用する際，特に問題になり得る法令を挙げるとすれば，以下のものが考えられる。なお，ChatGPTの利用一般に関して問題になり得る法令等については**第5章Ⅰ【ChatGPTの利用上留意すべき関係法律の整理と簡単な概要】**を参照されたい。

#### (ア)　著作権法

　フリーランスがChatGPTを利用するに際して留意すべき法律として，まず著作権法が挙げられる。

　例えばフリーランスがChatGPTを利用して広告物やソースコード等の成果物を制作する場合，当該成果物が第三者の著作物と同一または類似したものに

なっていないかという点には留意を要する。著作権侵害が成立するためには依拠性および同一または類似性が必要になるが，ChatGPT を利用した場面においては，特に，依拠性が認められるかが問題となる（**第5章Ⅰ 3(2)(イ)**参照）。

　第三者の著作物の内容を入力して ChatGPT に改変させるような場合は別として，ChatGPT が学習の際に参照したにすぎない著作物については，いかなる場合に依拠性が認められるか，議論のあるところである。しかし，仮に成果物に関して第三者の著作権の侵害が認められた場合，当該第三者からフリーランスやクライアントに対して損害賠償や差止めの請求がなされ，フリーランス自身のみならずクライアントに損害が生じる可能性が否定できない。また，法的には依拠性までは認められず著作権侵害とはならなくとも，第三者の著作物と成果物が酷似している場合には，著作権者との間でトラブルが生じる可能性もある。さらに，後述のとおり，クライアントからの委託の趣旨に反し契約違反となってしまう可能性も否定できない。

　したがって，第三者の著作権侵害を避けるため，少なくとも ChatGPT に第三者の著作物の内容を入力して参照させる行為は避けるべきであろう。また，著作権侵害の疑義やクライアントとのトラブルを避けるため，ChatGPT を利用して制作した成果物が第三者の著作物と同一または類似したものになっていないかに注意する必要がある。なお，第三者の商品の形態を模倣した場合，別途不正競争防止法に関する問題も生じ得る。

### (イ)　個人情報保護法

　次に，フリーランスがクライアントから個人情報の取扱いを含む業務を受託している場合，個人情報保護法も問題となり得るため，そのような場合には ChatGPT の利用における個人情報の取扱いには留意を要する。なお，ChatGPT の利用に関する個人情報保護法の取扱いの詳細については本書**第4章**を参照されたい。

　OpenAI 社のデータの取扱方法等にもよるが，本稿の執筆時点では，原則として ChatGPT への個人情報の入力については本人の同意が必要であると思われる。例外的に API を介して入力された情報や，API を介さない場合であっ

ても ChatGPT の設定上学習モード（「training」）をオフにした状態で入力された情報については，OpenAI 社への提供に当たらないとの整理も考えられよう[1]。もっとも，このような例外に該当しない場合，ChatGPT への個人情報の入力について本人の同意を得ることは実務上困難であると考えられるため，ChatGPT には個人情報を入力しないように注意する必要がある。

　なお，仮に，個人情報保護法上は，ただちに問題とはならなくとも，クライアントから提供を受けた個人情報を ChatGPT に入力することについて，クライアントによる委託の趣旨に反してしまい得ることは別問題である（後記(2)参照）。

### ㈡　商標法

　他に留意すべき法律としては商標法も挙げられよう。

　本稿執筆時点では，ChatGPT において，商品やサービスの名称やキャッチコピーだけでなく，簡単なロゴ等を出力することも可能なようである。フリーランスにおいて ChatGPT を利用してこれらの成果物を作成する場合，当該成果物が，第三者が登録した商標と同一または類似になっていないかという点には留意を要する。第三者が持つ商標権の侵害が認められるためには，指定商品・役務との同一性または類似性などの要件も必要となるが，著作権とは異なり依拠性は必要とされていない。ChatGPT に第三者の著作物を参照させていないとしても，結果的に出力された内容が第三者の商標と同一または類似であった場合，商標権侵害が認められ得ることには注意が必要である。

　法的に第三者の商標権を侵害するとまでは言えなくとも，クライアントとの契約上の問題があり得る点は，これまで述べたところと同様である。

### ㈢　景品表示法

　フリーランスが ChatGPT を利用して広告物を制作する場合，現時点における ChatGPT では，回答内容が事実に反し，あるいは不正確な場合があり，必ずしも内容の正確性が担保されているとはいいがたいため，結果として，出力

---

1　「API data usage policies」において，API を介して入力された情報であっても，OpenAI 社は不正利用監視等の目的で，当該情報を30日間保持するとされていることには注意が必要である。

された内容に誤りや誇大広告と評価されかねない表現が含まれ得る。

　当該広告物の内容が景品表示法の優良誤認表示や有利誤認表示に該当する場合，基本的には，一次的な責任を負うのは表示の主体となるクライアントであると考えられるが，別途，フリーランスとクライアントとの間でトラブルが生じる可能性があるため，注意が必要である。

## ⑵　クライアントとの契約

　先述のとおり，フリーランスによる ChatGPT の利用それ自体が法令違反等にならないとしても，クライアントとの間の業務委託契約に違反してしまうことにならないか，別途検討を要する。

　以下では，フリーランスとクライアントの間で締結される典型的な業務委託契約（契約書の体裁を取ることもあれば，受発注書などのやりとりによって契約が締結される場合もあろう）を念頭に，留意すべき点について解説を試みる。

### ㋐　委託の趣旨

　フリーランスとクライアントの間で締結される業務委託契約において，委託の趣旨に照らして，フリーランスが制作する成果物について，一定の内容が当然の前提とされている場合があり得る。その当然の前提が満たされていない場合，契約不適合や善管注意義務違反の問題ともなり得る。

　例えば，通常は法令を遵守した業務や成果物であることが当然の前提とされているはずであり，法令に違反するまたはそのおそれがある業務や成果物は委託の趣旨に反すると考えられる。業務や成果物が法令を遵守していることをフリーランスが保証する旨の条項が契約書等に定められる場合もあるが，そのような条項がないとしても法令に違反した業務や成果物が許容されるわけではない。そのため，ChatGPT の利用に際しては，思わぬところで業務や成果物が法令に違反していないかを慎重に確認する必要がある。

　あるいは，法令違反や権利侵害とまではいえなくとも，成果物が客観的に誤った情報を含んでいるような場合には，成果物としては不十分で，委託の趣旨に反するとされてしまうことがあり得よう。また，クライアントにおいて，

わざわざ費用を負担してフリーランスに委託している以上，第三者がすでに保有ないし広く使用しているものと実質的に同一の成果物が納品されることは，委託の趣旨に照らして想定されていない，といった主張がなされることも考えられよう。このようなクライアントの主張が法的に認められるかは措くとしても，クライアントとの間で契約上のトラブルが生じ，法的責任までは認められないまでもクライアントの信頼を失い，今後の取引の失注等につながる可能性には留意が必要である。

### (イ)　第三者の知的財産権の非侵害

　クライアントとの契約書等において，成果物に関する第三者とのトラブルの予防等の理由で，以下のように当該成果物が第三者の知的財産権を侵害しないことをフリーランスに保証させる条項が定められることがある。

---

　フリーランスは，成果物が第三者の特許権，実用新案権，意匠権，商標権，著作権，ノウハウその他これらに類似する権利（出願中のものを含み，登録されているか否かを問わない）を侵害しないことを保証する。

---

　フリーランスが ChatGPT を利用する際，依拠性が認められるのかには議論があるところだが（**第 5 章Ⅰ参照**），可能性として第三者の著作権や商標権を侵害してしまう場合があり得ることには留意すべきであろう。そもそも上記のような条項を契約書等に定めないよう交渉することもあり得るが，実際にはクライアントとの力関係等の理由からフリーランスが受け入れざるを得ないことも多いと思われる。また，仮に上記のような条項がなくとも，成果物を利用することが第三者の著作権や商標権の侵害となる事態は避けなければならず，第三者の著作権や商標権の侵害があった場合には，当該第三者から直接に，あるいはクライアントを通じて，フリーランスが責任を負う可能性がある。

　特に，これらの権利侵害が，クライアントからの具体的な指示や要望に基づいて作業した結果によるものであれば，クライアントとの間で責任の分担に関

する協議もしやすくなるが（かかる意味においてクライアントからの指示や要望の内容を記録化しておくことは極めて重要である），そういった指示や要望もなく，フリーランスが独自の発案によって作成した成果物が第三者の著作権や商標権を侵害した場合，クライアントとの関係で，フリーランスが責任を負うこととなる可能性が高まる。ChatGPTの活用により効率的に成果物を作成し得るが，クライアントの指示や要望には忠実に従い，法令に違反しないことの確認は怠らないよう注意する必要があろう。

(ウ) 秘密保持

　業務内容によってはフリーランスがクライアントの秘密情報を取り扱うこともあり得るため，クライアントとの契約書等において以下のような秘密保持条項が定められることが多いであろう。なお，業務委託契約書や受発注書等に秘密保持に係る条項が設けられる場合もあれば，別途秘密保持契約書等が締結される場合もあり得る。

---

　フリーランス及びクライアントは，本契約の遂行により知り得た相手方の技術上又は営業上その他業務上の一切の情報を，相手方の事前の書面による承諾を得ないで第三者に開示又は漏洩してはならず，本契約の遂行のためにのみ使用するものとし，他の目的に使用してはならないものとする。

---

　秘密情報として取り扱う情報の範囲は取決めごとに異なるが，秘密情報をChatGPTに入力した場合，第三者への開示に当たってしまう可能性が否定できない。どの情報が秘密情報に該当するかを確認した上で，クライアントの了解なくChatGPTに秘密情報を入力してしまわないように注意する必要がある。

## (3) ChatGPTの利用規約

　ChatGPTの利用に関し，フリーランスはOpenAI社が定める規約に従って利用する必要がある。当該規約は複数に分けられており，紙面の都合上，すべ

てを網羅的に取り上げることはできないが，以下では，"Terms of use" および "Usage policies" のうち，フリーランスが利用するに際して特に留意すべき条項のみをごく簡潔に取り上げる（本稿で引用した内容は，いずれも2023年5月20日時点の内容であることに留意されたい）。

### ⑦　Terms of use

まず，入力されたデータが ChatGPT の学習に用いられる場合があると定められている点には注意が必要である[2]。ただし，API を通じて ChatGPT を利用する場合，入力されたデータは ChatGPT の学習のために用いられない。また，API を介さずに ChatGPT を利用する場合，学習モード（「training」）をオフにすることで入力されたデータを ChatGPT の学習に利用されないようにすることができるとの説明が OpenAI 社からなされている[3]。

また，ChatGPT の出力に誤りが含まれる可能性があることが明記されている点にも注意が必要である[4]。

### ⑦　Usage policies

ChatGPT を利用して契約書等を作成することも可能であるが，Usage policies においては法律分野を含む複数の専門分野に関して，専門家への確認を行わずに利用することが想定されていないことが明記されており[5]，注意が必要である。

---

2　「3. Content」「(c) Use of Content to Improve Services.」において "We may use Content from Services other than our API ("Non-API Content") to help develop and improve our Services." と定められている。

3　「OpenAI API」「Policy」「How your data is used to improve model performance」において "When you use our non-API consumer services ChatGPT or DALL-E, we may use the data you provide us to improve our models. You can switch off training in ChatGPT settings (under Data Controls) to turn off training for any conversations created while training is disabled or you can submit this form. Once you opt out, new conversations will not be used to train our models." と記載されている。

4　「3. Content」「(d) Accuracy」において，"You should evaluate the accuracy of any Output as appropriate for your use case, including by using human review of the Output." と定められている。

5　「Disallowed usage of our models」において "OpenAI's models are not fine-tuned to provide legal advice. You should not rely on our models as a sole source of legal advice." と定められている。

## 2 ｜ フリーランスが ChatGPT を利用する場面ごとにおける注意点

　前記 1 で整理したところに照らし，フリーランスが，具体的に ChatGPT を利用する場面について，ChatGPT に指示（プロンプト）を入力する場面と ChatGPT から出力された回答を利用する場面とに分けて，注意すべき点を整理する。

### (1)　ChatGPT に指示を入力する場面

#### (ア)　第三者の知的財産の利用

　主に著作権法や商標法等の法令およびクライアントとの契約の観点から ChatGPT への入力における第三者の知的財産の利用が問題になる。

　ChatGPT に第三者の著作物や第三者が商標権を有する標章を入力する行為自体が法的に問題になる可能性は高くない。しかし，上記のとおり，ChatGPT に第三者の著作物や第三者が商標権を有する標章を入力した後に，これに基づいて ChatGPT から出力された回答を利用する場合，第三者の著作権や商標権を侵害する可能性が高いため，ChatGPT への入力の段階でも第三者の知的財産の取扱いには注意が必要である。例えば，ChatGPT への入力の際に「○○という商品について X 社の広告と似た広告を作って」といった旨や「このソースコードを参考に△△の機能を備えたソースコードを作って」といった旨の指示を入力した場合，第三者の著作物に類似する回答が ChatGPT からなされる可能性が高くなり，著作権侵害の要件である依拠性が認められる可能性も高くなると考えられる。

　また，商品やサービスのロゴやキャッチコピー等を作成する場合も同様に，第三者のロゴやキャッチコピー等を ChatGPT に参照させたときには第三者の商標権（ないし当該ロゴやキャッチコピーについて成立し得る著作権）を侵害する内容を含む回答が ChatGPT からなされる可能性が高くなる点にも留意が

必要である。

### (イ)　秘密情報の入力

　主にクライアントとの契約の観点から ChatGPT への秘密情報の入力が問題になる。

　ChatGPT に入力した秘密情報が ChatGPT の学習に用いられ[6]，フリーランスの思いもよらぬところで第三者への回答に用いられてしまう可能性がある。また，仮に秘密情報が ChatGPT の学習に用いられないとしても，秘密情報が ChatGPT に入力された時点で OpenAI 社への開示とみなされる可能性がある。

　したがって，ChatGPT への入力自体がフリーランスとクライアントとの間の契約書等に定められた秘密保持条項に違反する可能性があり，入力した秘密情報が第三者に開示されてしまった場合，クライアントに多大な損害を与える可能性もあるので，クライアントの了解なく秘密情報を入力してしまわないよう十分な注意が必要である。

### (ウ)　個人情報の入力

　主に個人情報保護法の観点から ChatGPT への個人情報の入力が問題になる。

　個人情報取扱事業者が自ら取得した個人情報やクライアントから取扱いを委託された個人情報を ChatGPT に入力した場合，個人情報の第三者提供に該当する可能性がある（なお，フリーランス自身が個人情報取扱事業者に当たらなくとも，クライアントがこれに当たる場合，委託先の監督責任（同法25条）を果たしていないとして，クライアントにおける同法違反の可能性があり得る）。ChatGPT への入力に関してあらかじめ本人の同意を得ることは困難なため，入力が許される場面であるか確認することなく個人情報を ChatGPT に入力してしまわないよう十分な注意が必要である。

---

6　前掲注 2 参照。

## ⑵　出力された回答を利用する場面

### ㋐　内容の真偽や適否の確認

　主にクライアントとの契約の観点から ChatGPT から出力された回答の真偽や適否が問題になる。

　ChatGPT から出力された回答は必ずしも正確なものではなく，誤りを含む場合もある。誤った出力に基づく業務や成果物はクライアントからの委託の趣旨に沿うものではないとして，契約違反の問題になり得る。また，フリーランスが ChatGPT の誤った回答に基づき作成し納品した成果物が原因となって，クライアントが顧客や消費者とトラブルになった場合，フリーランスが当該トラブルによりクライアントに生じた損害を賠償する責任を負う可能性もある。さらに，ChatGPT が出力した回答が，クライアントや第三者の名誉または信用を毀損するものであった場合，フリーランスが名誉毀損や信用毀損を原因とする損害を賠償する責任を負う可能性もある。

　いずれも ChatGPT の利用時にのみ生じる問題ではなく，フリーランスの業務において一般的に問題になり得るものである。ChatGPT は業務の効率化に資するものではあるが，ChatGPT の回答の内容の真偽や適否については慎重に確認する必要がある。

### ㋑　既存の制作物との類似性の確認

　主に著作権法や商標法等の法令およびクライアントとの契約の観点から ChatGPT が出力した回答を利用することが第三者の知的財産権を侵害しないか，侵害しているとまではいえなくとも実質的に同一と言えるほどに類似していないか等が問題になり得る。

　上記のとおり，ChatGPT から出力された内容を利用すると第三者の知的財産権を侵害する可能性がある。ChatGPT は自ら創作的な活動を行うものではなく，AI が学習したデータをもとに回答を出力するものであるため，ChatGPT の回答が結果的に第三者の著作物や商標と同一または類似になることは十分に考えられる。

　既存の制作物との類否を調査しきることは実際上必ずしも容易ではないが，

ChatGPT からの回答をそのまま用いるのではなく，フリーランス自身で確認を行ったり，必要に応じて制作過程についてクライアントと認識を共通化し，成果物の重要性等によっては，クライアントと協議の上，場合によっては弁護士や弁理士等の専門家への相談・調査依頼を行うことも考えられる。

(ウ)　ChatGPT が出力した回答に関する著作権

ChatGPT が出力した回答に関し，フリーランスやクライアントが第三者に対して著作権侵害を主張できるかが問題になる。

たとえフリーランスが ChatGPT に工夫を凝らした指示を入力したとしても ChatGPT から出力された回答には著作権が発生しない可能性が高い[7]。そのため，第三者が ChatGPT から出力された回答をそのまま利用した成果物を無断で利用した場合であっても，フリーランスやクライアントは著作権者ではないため，著作権に基づく請求を行うことは難しいと考えられる。もっとも，フリーランスが ChatGPT から出力された回答をもとに創作的寄与を加えて，新たな著作物を創作したと評価できる場合，フリーランスに著作権が生じる。この場合，第三者が当該著作物を無断で利用した際には，著作権に基づく請求を行うことも可能である。なお，実務上，成果物に生じた著作権については，成果物の納品とともにフリーランスからクライアントに譲渡されることが契約において定められる場合が多い。

## (3)　ChatGPT を利用して自身が当事者となる法的文書を作成・利用する場面

主に ChatGPT の利用規約の観点から ChatGPT から出力された回答をもとに作成した契約書の利用の可否が問題になる。

ChatGPT から出力された回答をもとに契約書を作成することも可能であるが，現時点では ChatGPT の回答をもとに作成した契約書の内容が十分であるとは必ずしも言いがたいように思われる。実際，Usage policies において専門

---

7　一般社団法人日本ディープラーニング協会「生成 AI の利用ガイドライン【第 1 版】」（2023年5月）

家の確認を伴わない利用は想定されていない。フリーランスがクライアントとの間で契約書を作成する際に参考にする程度であれば問題ないが，少なくとも現時点においては，重要な契約については弁護士によるレビューを得ることをおすすめしたい。

# Ⅲ　ChatGPT 利活用企業に発生するリスクとは

弁護士ドットコム株式会社政策企画室　**橋詰 卓司**

## 1 ｜ リスクの全体像と捉え方

### (1)　ChatGPT の構造から把握するリスクの特性と統制ポイント

　一般的に，企業があるシステムを利活用してビジネスを行う場合，システム自体のアルゴリズムおよび入出力するデータを制御・制限することにより，一定程度リスクをコントロールすることができる。

　一方，生成 AI である ChatGPT では，ユーザーが文字などのデータとともにプロンプト（命令文）を入力すると，それらに応じた情報が出力される仕組みとなっている。これに加え，以下のプロセス・機能により入力するデータをリッチにすることで，ChatGPT からの出力をより高品質にすることも可能となっている[1]。

**【図表 5 −Ⅲ− 1】ChatGPT に入力するデータをリッチにする手法**

| プロセス・機能の名称 | 説　　明 |
|---|---|
| Fine-tuning | もともとのモデルがカバーしていない特定の話題や分野に適合させるために，モデル自体に追加の学習を行う（独自モデルにカスタマイズする） |
| Embedding | もともとのモデルがカバーしていない特定の話題や分野に関する追加情報を，数値データ（ベクトル）に変換してマッピングし，モデル自体には追加学習させることなく，意味的に近い単語や文章を表現できるようにする |

---

1　Embedding について，本来の語義は文字列をベクトル化する手法の名称にとどまるものであるが，ここでは，ある文字列をベクトル化した結果をプロンプトに含めた形で ChatGPT に入力するプロセス全体を表した通称として用いている。また，ChatGPT Plugins として提供されている機能の一部は，α 版・β 版にとどまる（https://openai.com/blog/chatgpt-plugins）。

| ChatGPT Plugins | Browsing | インターネット上から情報を参照する |
|---|---|---|
| | Code Interpreter | プログラム言語を解釈し，コードの実行やデバッグ，最適化をサポートする |
| | Retrieval | 特定の情報や文書を検索し，ユーザーに提供する |
| | Third-party Plugins | 外部開発者が作成した追加機能と組み合わせ，ChatGPT の機能を拡張する |

　しかし，これらの入力の結果として生成物を出力する「メインエンジン」たる ChatGPT のアルゴリズム・学習データの内容は，開発者である OpenAI 社も明らかにしていない部分が多い。したがって，ユーザーはもちろんのこと，ChatGPT を利用したサービスを開発する企業も，出力を完全にコントロールすることは難しい（入力に対して何が出力されるかは事前にはわからない）。

　このような特性を持つ ChatGPT を利活用しビジネスを行おうとする企業は，ユーザーが ChatGPT に入力する情報に加え，ChatGPT から出力された情報についても Filterling する仕組みを実装するなどし，リスクを把握し統制していく必要がある。

## 【図表 5 － Ⅲ － 2】 入力・出力フロー（模式図）

① ChatGPT（API）をそのまま利用

② ChatGPT（API）に独自データを組み合わせて利用

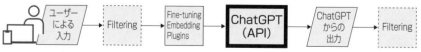

## (2)　利活用シーンごとに異なるリスクの大きさと頻度

企業が ChatGPT を利用する態様としては，

- 自社内業務での限定的な利用なのか・顧客等にも提供するのか
- ChatGPT をそのまま利用するのか・独自のデータと組み合わせて利用するのか

により 2 × 2 ＝ 4 パターンに大きく区分できる。これらのパターンごとに，【図表 5 － Ⅲ － 3】のような具体的な利活用シーンを想定してみると，発生し得るリスクの大きさや発生頻度等が把握しやすくなるだろう。

### 【図表 5 － Ⅲ － 3】利活用シーンの整理

| | ①ChatGPT（API）をそのまま利用 | ②ChatGPT（API）に独自データを組み合わせて利用 |
|---|---|---|
| A）自社内業務で利用 | • 情報の検索や整理等リサーチの補助<br>• 企画・アイディア出しの補助<br>• 文書の執筆・校正・要約・翻訳<br>• プログラムのコーディング・デバッグ・リファクタリング・ポーティング（移植） | • 社内ドキュメント・マニュアルに記載された情報の検索や整理<br>• 社内 FAQ を反映した従業員からの問い合わせ対応<br>• 社内にある文書ファイル・ソースコード等のライブラリを参照した執筆・コーディング等 |
| B）組み込みプロダクトを顧客等に提供・販売 | • 一般的なウェブ接客・カスタマーサポート<br>• 顧客からの問い合わせ内容の整理・翻訳<br>• 画像素材提供サイトでユーザーによる画像検索を容易にするための Image to text 変換 | • 業界の専門用語や特殊な応対プロトコルを踏まえた高度なウェブ接客・カスタマーサポート<br>• 法律や医療等の専門知識を反映したチャット相談・文書校閲サービスの提供<br>• ゲーム内の時代背景や役割等設定を理解した上でユーザーと自然に会話するノンプレイヤーキャラクターの生成 |

　A－①のように，自社内に閉じて ChatGPT をそのまま利用するような場合であれば，リスクはそれほど高いものとはならないはずである。一方で，B－②のように，ChatGPT を組み込んだプロダクトを顧客等に提供・販売し，かつそこに独自データを組み合わせるような場合は，出力される情報の品質が高くなる反面，発生するリスクの大きさ・頻度は相対的に高くなる。

　以下 2 では，このような各利活用シーンで発生し得る具体的な法的リスクについて，ユーザーによる「入力」と ChatGPT からの「出力」の場面に分けて整理を試みる。

# 2 ｜ 各利用シーンで発生し得る法的リスクの具体例

## (1)　著作権等の知的財産権侵害

### (ア)　入力の場面で発生し得る主なリスク

　企業が ChatGPT を利活用する場面で最も発生頻度が高いと見込まれるのが知的財産権侵害である。特に ChatGPT の利用においては，以下①・②のように情報を入力する場面で，ユーザーの著作権侵害リスクが懸念されている。

---

①　他人の著作物を含むデータをプロンプトに入力し ChatGPT に送信する

②　Fine-tuning，Embedding，ChatGPT Plugins により他人の著作物を含むデータを ChatGPT に送信する

---

　日本の著作権法上，著作権者の許諾なく①または②を行えば，原則として複製権（同法21条）侵害となる。一方で，このような情報送信が

---

● 情報解析の用に供する場合（同法30条の 4 第 2 号）

● 著作物の表現についての人の知覚による認識を伴うことなく当該著作物を電子

> 計算機による情報処理の過程における利用その他の利用に供する場合（同法30
> 条の4第3号）

のいずれかに該当すると認められれば著作権者の権利が制限され，侵害となら
ない。ただし，いずれの場合も「著作権者の利益を不当に害する場合」には著
作権者の許諾が必要と規定されている点には留意したい（同条柱書）。同条は
まだ施行されてから時間が経っておらず判例や通説もないため，謙抑的な解釈
に基づきリスク判断をした上で，可能な限り著作権者から許諾を得るようにす
べきだろう[2]。

### (イ)　出力の場面で発生し得る主なリスク

　ChatGPT から出力された生成物を取り扱う場面では，さらに論点は複雑化
する。最も懸念されかつ発生頻度が高いことが想定されるのは，生成物が他人
の著作物に類似している場合に，著作権侵害が成立するかという論点である。

　生成物が①他人の著作物に依拠し，②他人の著作物と類似性がある場合には，
著作権侵害が成立することになるが，ここで依拠性が認められる場合・認めら
れない場合の区別がポイントとなる。

　まず，プロンプトや Fine-tuning・Embedding・Plugins で用いた入力デー
タに他人の文章や画像等の著作物を利用したケースで依拠が認められることは，
論をまたないだろう[3]。

　問題となるのは，こうした入力において他人の著作物を利用していないにも
かかわらず，ChatGPT から出力された生成物が他人の著作物に類似したケー
スである。このケースについては，以下2つに場合分けをしてリスクを評価す

---

　2　柿沼太一「生成 AI の利用ガイドライン作成のための手引き」（https://storialaw.jp/blog/9414）
では，「生成物が入力著作物や既存著作物と同一・類似ではない場合」に限り，同法30条の4第
2号または第3号の適用があるとする。これに対し，福岡真之介「【AI】生成 AI を利用する場
合に気をつけなければならない著作権の知識」（https://note.com/shin_fukuoka/n/na3163a404
cbc）は，法30条の4第2号の適用について，情報解析が「大量の情報から解析すること」と条
文上定義されているところ，プロンプトに入力される著作物は一般に「大量の情報」でないため
これに当たらない可能性があると指摘する。
　3　引用の主張も考えられるが，企業が業務上 ChatGPT のプロンプトに入力しているという状況
下では，引用要件を満たすことは困難であろう。

る必要がある。

---

① 　その他人の著作物が ChatGPT の学習用データに含まれていた場合
② 　その他人の著作物が ChatGPT の学習用データに含まれていなかった場合

---

　①については，著作権者の立場からは当然に依拠性を主張する場面だろうが，機械学習の過程で著作物が学習用データからその学習結果としてのパラメータとなった時点で学習用データの表現の本質的な部分は消えており，依拠性は認められないとする意見もある[4]。

　②については，原則として侵害は否定されることになる。しかし，ユーザーがプロンプトに「作家の〇〇風の文章にせよ」などと入力し，またはサービス開発企業がこれに類似する Fine-tuning や Embedding 等を実行し，実際に当該作家の著作物に類似した生成物が得られたときには問題が生じ得る。生成物が当該作家の著作物に類似する可能性を十分に認識し得る入力を行い，その結果としての生成物にも類似性が認められれば，依拠性も認められるリスクは高まるだろう[5]。

## (ウ)　事　例

　著作権侵害リスクが具体化した事例として，外国かつ画像生成 AI サービスの事例ではあるが，デジタル画像を提供する企業である Getty Images 社が，機械学習のために同社のライブラリから画像データを無断で使用したとして，Stability AI 社，Midjourney 社，DeviantArt 社に対し，米国および英国で訴訟を提起している事例がある[6]。

---

4 　ABEJA Tech Blog「AI 生成物と著作権と AI 倫理」https://tech-blog.abeja.asia/entry/advent-2022-day17
5 　柿沼太一「画像生成 AI を利用して生成したコンテンツを自社サービスで利用する際に注意すべき事項」https://storialaw.jp/blog/9086
6 　THE ART NEWSPAPER "AI and art : how recent court cases are stretching copyright principles" https://www.theartnewspaper.com/2023/03/28/ai-and-art-how-recent-court-cases-are-stretching-copyright-principles

## (2)　個人情報の不適切な取扱い

### (ア)　入力の場面で発生し得る主なリスク

　著作権の次に発生頻度が高いリスクとして懸念されるのが，個人情報の不適切な取扱いである。自社が保有するデータに，第三者の個人データが全く含まれないという企業は皆無と言ってよい。それゆえに，何らの手立ても行わないままに ChatGPT の利用を認めれば，従業員等が自社内のデータからコピーした個人情報を ChatGPT に入力してしまう事故を防ぐことは難しい。1(1)で述べた入力時点での Filtering の仕組み化と合わせて，保有する個人データを ChatGPT に対し入力する際の適法化の根拠について整理し，企業内の個人情報データベース等の安全管理に務めるとともに，その取扱いや処理のルールについて，従業員等に周知徹底しておくことが必須となる。

　この点で第一に重要となるのが，個人情報の取得時点での利用目的の特定（個人情報保護法17条 1 項）および通知・公表（同法21条）である。多くの企業において，顧客や取引先等から個人情報を取得する際にプライバシーポリシーの確認を求めることで，この利用目的の通知・公表が実施されている。ChatGPT の利用にあたっては，このプライバシーポリシーにおける利用目的の記述が，ChatGPT を利用して行おうとしているビジネスに合わせて「できる限り特定」[7] されているか，最初に確認しておきたい。

　これらを満たして適法に取得した個人情報は，利用目的の範囲内で利用できることとなるが，自社内にとどまらず第三者への提供を行う際には，原則として本人の同意が必要である（個人情報保護法27条）。ChatGPT への入力は外形上この第三者提供に該当するものと考えるのが自然であるが[8]，ChatGPT の運営会社である OpenAI 社または Microsoft 社を委託先と捉えれば，同意は不要である（同法同条 5 項 1 号）。この点，OpenAI 社が定める利用規約では，

---

7　個人情報保護法ガイドライン（通則編）3-1-1　https://www.ppc.go.jp/personalinfo/legal/guidelines_tsusoku/#a3-1-1

8　植田貴之「ChatGPT の規約を読み解く＃ 3 」（https://note.com/tkyueda/n/n3993fe9fce44）は，個人情報保護法ガイドライン（通則編）2-17における「提供」の定義を引き合いに，「解釈上明らかではない」としつつも，不正使用等を防ぐための監視目的でのみアクセスする可能性があるような場合については「提供」に当たらないものと整理できるとする可能性を指摘する。

API 経由で受信したコンテンツについてはサービス開発改善のために利用しない一方で，API 以外で受信したコンテンツについては，オプトアウトをしない限りサービス開発改善のために利用する旨が規定されている[9]。委託スキームとするためには，API 経由での利用もしくはオプトアウトが必須となる点は留意が必要である。なお，API 経由での利用もしくはオプトアウトを行うとしても，OpenAI 社および Microsoft 社が定める利用規約では，不正使用や悪用を監視する目的で最大30日間受信したコンテンツにアクセスする可能性が残されている[10]。この点については，当該目的と期間の合理性から，委託先に対する管理監督の範疇として許容される範囲と考えてよいかも，検討が必要となる。

　加えて，OpenAI 社は現状日本に拠点・サーバーを持たないため，外国にある第三者への個人情報提供（個人情報保護法28条）に該当するかが問題となる。該当すれば本人同意が必要となるが，ChatGPT API ユーザーは API data usage policies からリンクされたフォーム[11]を送信することで，OpenAI 社とデータ処理追加条項（DPA）の締結ができる。これにより，OpenAI 社が「個人データの取扱いについてこの節の規定により個人情報取扱事業者が講ずべきこととされている措置に相当する措置（略）を継続的に講ずるために必要なものとして個人情報保護委員会規則で定める基準に適合する体制を整備している者」と評価されれば，本人からの同意取得は不要とし得る[12]。また，Microsoft の Azure OpenAI Service を利用する場合は，西ヨーロッパリージョンを選択することにより，「個人の権利利益を保護する上で我が国と同等の水準にあると認められる個人情報の保護に関する制度を有している外国」に該当し，本人同意を不要とする余地がある。

---

9　OpenAI "Terms of use" 3 (c)（https://openai.com/policies/terms-of-use）。

10　OpenAI "API data usage policies"（https://openai.com/policies/api-data-usage-policies），Microsoft "Data, privacy, and security for Azure OpenAI Service - Azure Cognitive Services"（https://learn.microsoft.com/en-us/legal/cognitive-services/openai/data-privacy）

11　OpenAI "[Sales] Data Processing Addendum External" https://ironcladapp.com/public-launch/63ffefa2bed6885f4536d0fe

12　柿沼太一「生成 AI の利用ガイドライン作成のための手引き」（https://storialaw.jp/blog/9414）

### ㈡　出力の場面で発生し得る主なリスク

　ChatGPT は公表された著作物を学習データとしている他，ユーザーのプロンプト等も学習データとして収集するケースがあり，それらに混入する個人情報が完全に排除されている保証はない[13]。したがって，ユーザーもしくはサービス開発企業が個人情報を入力していないとしても，出力された生成物に個人情報が混入される可能性は否定できない。このような生成物を利用すると，ChatGPT から不正に個人情報を取得したとみなされるリスクを負うこととなる（個人情報保護法20条）。

### ㈢　事　例

　2023年 3 月24日に，ChatGPT ユーザーのチャット履歴等が他のユーザーに表示されるという事故が発生した。OpenAI 社は公式ブログで「支払い情報が公開された可能性がある」とも述べている[14]。

　また，2022年 9 月には，Midjourney や Stability AI 等の画像生成 AI に用いられる学習用データセットの中に，臨床記録として医師が撮影した写真が混入している可能性があることが，被撮影者本人によって発見および指摘されている[15]。

　なお日本法ではないが，ChatGPT による EU データ保護法（GDPR）への抵触リスクが顕在化した事例として，イタリア当局（GARANTE PER LA PROTEZIONE DEI DATI PERSONALI）が2023年 3 月31日付で以下を理由に同国内で ChatGPT へのアクセスを一時停止する措置をとった[16]。当該措置は，OpenAI による改善がみられたとして，同年 4 月28日に解除されている[17]。

---

13　OpenAI 社は，2023年 3 月23日付で公開した "GPT-4 System Card" において，「学習用データセットから可能な限り個人情報を除去」するとしつつも，このリスクを排除できないと述べている。https://cdn.openai.com/papers/gpt-4-system-card.pdf

14　OpenAI announcement "March 20 ChatGPT outage : Here's what happened" https://openai.com/blog/march-20-chatgpt-outage

15　ars Technica "Artist finds private medical record photos in popular AI training data set" https://arstechnica.com/information-technology/2022/09/artist-finds-private-medical-record-photos-in-popular-ai-training-data-set/

16　GDEP "Artificial intelligence : stop to ChatGPT by the Italian SA Personal data is collected unlawfully, no age verification system is in place for children" https://www.gpdp.it/web/guest/home/docweb/-/docweb-display/docweb/9870847#english

- 情報提供義務違反（GDPR 5 条 1 項(a)，13 条）
- 処理の法的根拠欠如（GDPR 5 条 1 項(a)，6 条）
- 正確性原則違反（GDPR 5 条 1 項(d)）
- 子どもの個人データの取扱いに関する確認機能の実装不足（GDPR 8 条，25 条）

## ⑶　秘密情報の漏えい

### ㋐　入力の場面で発生し得る主なリスク

　自社の秘密情報（営業秘密・限定提供データ）を不用意に ChatGPT に入力したり，他人から受領し秘密保持義務を負う情報を誤って入力してしまったりする事故が相当数発生することが予想される。OpenAI 社および Microsoft 社が定める利用規約において秘密保持義務を負う旨の規定がないことからも，ユーザーが営業秘密・限定提供データを ChatGPT に入力した場合には，不正競争防止法上の保護を受けるための要件である秘密管理性（同法 2 条 6 項）や限定提供性（同条 7 項）を喪失するリスクがある。さらに，それらの秘密情報が ChatGPT の学習データに混入すれば，他のユーザーに対する出力結果に反映される可能性も否定できない。そのような最悪の事態を避けるためにも，API 経由での利用もしくは学習データ利用のオプトアウトは必須となる。

　他人から秘密保持義務を負って開示を受けた秘密情報を，ChatGPT に入力した場合はどうなるか。この場合，開示者の視点から見れば，受領者が無断で第三者に開示・漏えいしたのと同義であり，損害賠償責任等のリスクを負うこととなる。他人の秘密情報を ChatGPT で適法に処理するためには，情報処理委託先としての OpenAI 社・Microsoft 社への開示について，当該秘密情報の開示元からあらかじめ承諾を取得しておく必要がある。しかし，現実にはこれを得るのは困難だろう。

---

17　GDEP "ChatGPT : OpenAI reinstates service in Italy with enhanced transparency and rights for european users and non-users" https://www.gpdp.it/web/guest/home/docweb/-/docweb-display/docweb/9881490#english

#### (イ)　出力の場面で発生し得る主なリスク

専ら入力場面で発生するリスクであり，出力場面でのリスクは（ChatGPT に自社が入力した秘密情報が学習データとして利用され他の ChatGPT ユーザーに対し生成物として出力されるケースを除き）想定されない。

#### (ウ)　事　例

韓国メディアによれば，サムスン電子の従業員らが，業務で作成したプログラムのリファクタリング（最適化）を目的に ChatGPT にソースコードを入力する等，3件の秘密情報漏えいを発生させたと報じられている[18]。

### (4)　生成物の正確性・信憑性欠如

#### (ア)　入力の場面で発生し得る主なリスク

生成物に関するリスクであり，入力場面でのリスクは想定されない。

#### (イ)　出力の場面で発生し得る主なリスク

大規模言語モデルの「ある単語の次に続く単語を予測して文章を生成する」という特性上，AI が事実と異なる情報をさも事実であるかのように回答してしまう「ハルシネーション（幻覚）」リスクがあることは，すでにユーザーに広く認知されている。OpenAI 社も，GPT-4では大幅に改善したと弁解しつつ，未だ完全には解決できていない問題点としてこれを公式に認めている[19]。前述のとおり，ChatGPT がどのような学習データに基づいて出力をしているかは基本的にブラックボックスとなっているために，入力した情報に問題がなくとも，ChatGPT から出力された生成物の正確性・信憑性欠如によって引き起こされるリスクは，今後しばらく解消は困難だろう。

このようなリスクに対応するため，AI 生成物を用いる際にはそれが AI 生成物である旨を明示する義務をユーザーに課すことで透明性を担保しようとするメディアサービスが出てきているほか，中国や EU では明示義務の法制化も

---

18　이코노미스트 "[단독] 우려가 현실로…삼성전자, 챗 GPT 빗장 풀자마자 '오남용' 속출" https://economist.co.kr/article/view/ecn20230330005
19　OpenAI "Our approach to AI safety" https://openai.com/blog/our-approach-to-ai-safety

実施・検討されている。今後，日本においても同様の規制が課される可能性がある。

　同様に，そのリスクを認識しにくい問題として，適法に取得した情報を ChatGPT に入力してプロファイリングし，人材の選別や採用意思決定に用いるケースがある。GPT モデルの学習データや，サービス開発者が Fine-Tuning/Embedding 等により入力したデータに何らかの偏りがあった場合，その偏りに適合しない人物のプロファイリング結果が差別やプライバシー権侵害等を誘発するなど，不適切なものとなる可能性がある。元来，プロファイリングは確率的な評価にすぎず，そのような目的で ChatGPT を利用すること自体が問題とも言えるが，そうした前提知識のない従業員等が，人材採用等の重要な意思決定にこれを用いてしまうケースも想定される。

(ウ)　事　例

　ChatGPT を利用したものではないが，米国裁判所で実際に利用されていたプロファイリングシステムにおいて，プロファイリング後 2 年間再犯しなかった人物が，当該システムによって「再犯リスクが高い人物」であると不利な評価を下されていた割合を調べたところ，白人23.5％：黒人44.9％と偏った結果になっていた事例がある[20]。

## (5)　悪　用

(ア)　主なリスク

　入力・出力の場面にかかわらないリスクとして，ChatGPT を犯罪や迷惑行為に悪用するリスクがある。すでに，一般人が画像系の生成 AI サービスを利用し，画像や動画の一部を差し替えたいわゆるディープフェイク生成物をSNS で拡散させていることが，生成 AI による代表的な脅威と認識されている。

　企業の従業員による ChatGPT 利用においても，フェイクニュースを量産し

---

20　ProPublica "Machine Bias There's software used across the country to predict future criminals. And it's biased against blacks." https://www.propublica.org/article/machine-bias-risk-assessments-in-criminal-sentencing

て SNS マーケティングに悪用する等のリスクが想定される。また，GPT モデルがプログラムコードの作成・解析に長けていることから，ハッキング等のサイバー犯罪や企業犯罪に用いられるケースも増えるだろう。

　OpenAI 社は，この種の悪用目的のプロンプトに応じないよう ChatGPT をチューニングしている。各利用企業ができる対策として，利用できる従業員を限定しモニタリングする・プロンプト入力を Filterling する・プロンプトに文字数制限を付けるなどが考えられる。しかし，これらの対策を乗り越えようとするジェイルブレイク行為やプロンプトインジェクション攻撃とのいたちごっこは，今後も避けられないだろう。

(イ)　事　例

　米国のサイバーセキュリティプロバイダーによる調査によれば，複数の地下コミュニティで，ChatGPT を悪用した以下のような悪質なコード等の生成に悪用されていることが確認された[21]。

---

- 情報を盗み出そうとする悪意のあるマルウェア
- ランサムウェアに転用可能な暗号化ツール
- ダークウェブマーケットのスクリプト

---

　また，別企業の調査では，約1,560万件のパスワードのデータベースについて，生成 AI を利用した場合にどれぐらいの時間で解読できるかを調べた結果，全体の51％が 1 分未満で解読できたという[22]。

---

21　cp<r> BY CHECK POINT "OPWNAI: CYBERCRIMINALS STARTING TO USE CHAT
　　GPT" https://research.checkpoint.com/2023/opwnai-cybercriminals-starting-to-use-chatgpt/
22　2023年 4 月28日付日本経済新聞「生成 AI でパスワード解読　半数を 1 分で解析，米社調査」
　　https://www.nikkei.com/article/DGXZQOUC19BX80Z10C23A4000000/

## ⑹　業規制違反

### ⑦　主なリスク

　悪用リスク同様に入力・出力の場面にかかわらず発生するリスクとして，業規制違反リスクがある。

　特に【図表5－Ⅲ－4】のようなサービスを ChatGPT を利活用して提供すると，各業法が定める規制に抵触するおそれがある。現時点では ChatGPT の能力限界から商用化するレベルにはまだ至らないとされるが，言語モデルの高度化に加え，1⑴で述べた Fine-tuning, Enbedding, ChatGPT Plugins を組み合わせることにより，今後これらの規制対象となり得るサービスを提供できるレベルに進化する可能性は高い。

### 【図表5－Ⅲ－4】業規制違反リスク

| 業法による規制の対象となり得るサービスの例 | 根拠法 |
| --- | --- |
| 求人企業・求職者の紹介・マッチング | 職業安定法 |
| 不動産取引の媒介 | 宅地建物取引業法 |
| 旅行計画の作成・予約・手配 | 旅行業法 |
| 資産運用の助言・代理・仲介 | 金融商品取引法・金融サービス提供法 |
| 契約文書の作成・具体的な紛争に関する法的アドバイス | 弁護士法 |
| 税務書類の作成・税務的アドバイス | 税理士法 |
| 健康に関する診断・医療相談 | 医師法 |

### ⑴　事　例

　業規制に抵触したとして行政処分等が下された事例は，本稿執筆時点では発生していない。

## (7) OpenAI 社/Microsoft 社が定める契約条件・禁止行為

### (ア) サービス提供主体による契約条件の差異

　企業が ChatGPT を利用する際には，サービス提供主体である OpenAI 社または Microsoft 社との契約が必要となる。

　OpenAI 社のウェブサイトからアクセスできる ChatGPT の利用に限れば，必然的に OpenAI 社との契約になる。一方，API により GPT モデルを活用するサービスを開発したい場合は，2社のうちどちらと契約するかによって，その内容および提供条件が異なる。概要をまとめると【図表5－Ⅲ－5】のとおりである。

**【図表5－Ⅲ－5】提供主体・提供サービスによる契約条件の差異**

| サービス提供主体 | OpenAI 社 | | Microsoft 社 |
|---|---|---|---|
| サービス名 | ChatGPT | ChatGPT API | Azure OpenAI Service |
| 提供方法 | Web | API | API |
| セキュリティ基準 | OpenAI のセキュリティポリシーに準拠 | OpenAI のセキュリティポリシーに準拠 | Azure のエンタープライズレベルのセキュリティ基準に準拠 |
| 入力データの取扱い | OpenAI が学習に利用する。設定画面から利用しないようオプトアウトも可能。承認された OpenAI 従業員または同社の委託先による悪用監視のため保持される。学習利用のオプトアウトをした場合は，30日間保持され削除される。 | オプトインしない限り OpenAI の学習には利用されない。承認された OpenAI 従業員または同社の委託先による悪用監視のため30日間保持され削除される。保持されないようオプトアウトも可能。 | OpenAI の学習には利用されない。Fine-Tuning の場合も顧客専用モデルにのみ使用される。承認されたマイクロソフト従業員による悪用監視のため30日間保持され削除される。保持されないようオプトアウトも可能。 |

| 個人情報および<br>プライバシー保<br>護 | OpenAI のプライバ<br>シーポリシーに準拠 | OpenAI のプライバ<br>シーポリシーに準拠 | Azure のプライバ<br>シーポリシーに準拠 |
|---|---|---|---|
| リージョン選択 | 不可（米国のみ） | 不可（米国のみ） | 米国東部，米国中南<br>部，西ヨーロッパか<br>ら選択 |
| SLA | なし | なし | 99.9%以上の稼働率<br>を保証 |
| サポート | なし | なし | あり |
| 準拠法 | カリフォルニア州法 | カリフォルニア州法 | 日本法を選択可能 |

　ChatGPT がリリースされて以降，すでに何度か提供条件が改訂されており，今後も頻繁に改訂が続くものと思われる。【図表 5 − Ⅲ − 6】として，2 社が公開する利用規約・プライバシーポリシーをリストアップしたが，2023年に入ってからも数度改訂が発生しており，常に最新の規約を確認する必要がある。

【図表 5 − Ⅲ − 6】利用規約：プライバシーポリシー

| OpenAI が定める利用規約・<br>プラポリ | Microsoft が定める利用規約・プラポリ |
|---|---|
| • Terms of use<br>　https://openai.com/policies/<br>　terms-of-use<br>• Sharing & publication policy<br>　https://openai.com/policies/<br>　sharing-publication-policy<br>• Usage policies<br>　https://openai.com/policies/<br>　usage-policies<br>• API data usage policies<br>　https://openai.com/policies/<br>　api-data-usage-policies<br>• Privacy policy<br>　https://openai.com/policies/ | • Product Terms - Microsoft Azure<br>　- Azure OpenAI Service<br>　https://www.microsoft.com/licensi<br>　ng/terms/productoffering/Microsoft<br>　Azure/MCA#ServiceSpecificTerms<br>• Limited access to Azure OpenAI Ser<br>　vice<br>　https://learn.microsoft.com/en-us/<br>　legal/cognitive-services/openai/<br>　limited-access<br>• Code of conduct for Azure OpenAI<br>　Service<br>　https://learn.microsoft.com/en-us/<br>　legal/cognitive-services/openai/co |

| privacy-policy<br>• Brand guidelines<br>https://openai.com/brand | de-of-conduct<br>• Data, privacy, and security for Azure OpenAI Service - Azure Cognitive Services<br>https://learn.microsoft.com/en-us/legal/cognitive-services/openai/data-privacy |
|---|---|

## ㈡　主なリスク

　契約条件にまつわる主なリスクとしては，セキュリティの可用性・機密性・完全性，サポート有無，準拠法等の面が挙げられ，提供主体および提供サービスごとに細かな差異がある。リスク最小化の観点では，Microsoft 社が提供する Azure OpenAI Service を利用することが望ましいと考えられる。

　ユーザーとしての契約違反リスクの観点からは，利用規約に定められた禁止事項に抵触しないよう特に注意をしておきたい。具体的な禁止事項については，OpenAI 社の"Usage policies"と Microsoft 社の"Code of conduct for Azure OpenAI Service"ともに内容は共通しており，概要以下の行為が禁止されている。これらに違反すると，サービス自体の利用を停止されるリスクがある。

---

- 違法行為
- 子どもの性的虐待や搾取を目的とするコンテンツの生成
- 憎悪，いじめ，嫌がらせ，暴力的コンテンツの生成
- 兵器生成・軍事・戦争・重要インフラの破壊・自殺等自傷行為を助長するコンテンツの生成
- 法執行・刑事司法・移住・亡命を含むリスクの高い政府の意思決定
- マルウェアの生成
- 連鎖販売取引やギャンブル等経済的損害を発生させる活動
- 詐欺や欺瞞行為
- アダルトコンテンツの生成
- 政治的キャンペーン・ロビー活動
- プライバシー侵害行為

- 法曹資格者でない者による法律実務・法的助言の提供
- 金融取引業者でない者による確認のない個別の金融アドバイス提供
- 医師でない者による健康状態の診断や医療行為の提供

また，OpenAI社が定める"Brand guidelines"では，製品名や広告表示等に「ChatGPT」「GPT-4」等を標章として用いる際の表記方法が制限されているため，注意を要する。

㋑ 事　例

これら契約条件・禁止行為に抵触したとしてサービスが停止された事例は，本稿執筆時点では発生していない。

# Ⅳ　社内ガイドラインへの落とし込みと守らせ方

弁護士ドットコム株式会社
技術戦略室 Professional Tech Lab　弁護士　**仮屋崎　崇**

## 1 ｜ 活用すべきサービスの選定

### (1)　サービス選定の意義

　本稿執筆時点で，文書生成 AI を利用できるサービスは，ChatGPT の他に
も AzureOpenAI サービスが存在し，現在はさらに多くのサービスが登場して
いるかもしれない。

　しかし，社内情報をコピー・アンド・ペーストによって容易にまとめて入力
でき，その情報がブラックボックスを通って出力されるという文書生成 AI
サービスの特徴を鑑みれば，利用可能なサービスを限定しないというのは情報
漏えいのリスクから好ましくない。一方で，その限定を従業員 1 人ひとりの裁
量に任せるのも，安全とはいえない。従業員が法務上，セキュリティ上の高度
なリテラシーを有しているとは限らず，仮にそのようなリテラシーを有してい
たとしても，外部サービス利用に関する社内規定との抵触も確認する必要があ
るからだ。そのため，どの文書生成 AI サービスが利用可能かは，法務部門や
情報セキュリティ部門といった管理部門が決定し，管理することが望ましいと
いえる。

　このような方針は，日本ディープラーニング協会の生成 AI の利用ガイドラ
インの解説も，「生成 AI は当該 AI サービスの構造や処理内容によって法的リ
スクが異なります。そのため，業務のために生成 AI の利用を許可する場合に
は，ホワイトリスト方式（利用してよいサービスを特定した上で列挙する方式）
で指定することをお勧めします。」[1] としている点と整合的である。

---

1　資料室－一般社団法人日本ディープラーニング協会【公式】。https://www.jdla.org/document/

### ⑵　選定基準の決め方

#### ㋐　比較表の作成

　複数の生成AIサービスが利用検討の俎上に上がる場合，Ⅲ2⑺㋐の【図表5－Ⅲ－5】のような表を作成し，それぞれのサービスの特徴を比較検討できるようにすることが望ましい。

　比較表を作る際の項目については，【図表5－Ⅲ－5】にあるような提供モデルとその提供方法，セキュリティ基準，入力データの取扱い，個人情報およびプライバシー保護，リージョン選択の柔軟性，SLAサポート，準拠法のほかにも，裁判管轄や利用料金や個人情報の安全管理措置（個人情報保護法25条）に関する規定の有無，個別の秘密保持契約締結の可能性・現実性，商用利用可能性といった項目を挙げることができる。

　こうした項目を表形式でまとめると，生成AIサービスの無料版は有料版に比べていくつかの項目で有料版に劣ることがほとんどであるが，生成AIの利用目的によっては（例えば検証目的に使う場合等），無料版で十分に目的を達せられるという結論に至ることもあり得る。

　また，法的あるいはセキュリティ上の観点からは優れたサービスであっても，性能や料金等の面で実務運用に耐えなければ本末転倒であるから，選定の早い段階で実際に生成AIサービスを利用する部署の実務メンバーとコミュニケーションをとるか，あるいは生成AIサービス選定のプロジェクトにそのような実務メンバーも加えるべきである。

## 2 ￨ 入力情報の整理

### ⑴　生成AIサービスに入力され得る情報の線引きの必要性

　生成AIサービスの利用を許可した場合でも，どの情報であれば生成AIサービスに入力することができるか，従業員も間違いなく気にするところである。入力してもよい情報，入力すべきでない情報の線引きは，それぞれの情報が当

該サービスの利用により流出・漏えいするリスクを検討した上で，慎重に行うべきである。

## (2)　情報の洗い出し

　社内情報を洗い出す際の視点は様々あるが，ここではフロー情報とストック情報，そして個人情報という分類で情報の洗い出しを試みたい。フロー情報とストック情報という分類方法は，経済学用語に由来し，ストックされる貯金，フローとしての収入支出というイメージから，参照先として固定化される情報をストック情報，日常的に飛び交う情報としてのフロー情報と呼ぶことが多い。このストック情報・フロー情報という分け方は，決して漏れなく重複なく網羅するものというよりは，OpenAI の学習には利用されない，Fine-Tuning の場合も顧客専用モデルにのみ使用されるためのツールにすぎない。企業が所属する業界や企業，団体によってはこれらの分類では網羅しきれない場合も考えられるが，便宜のため以下に洗い出しの例を記載する。

---

〈洗い出しの例〉
① フロー情報
　リアルタイムでの業務進捗の共有，日報，報告・連絡・相談，システム通知（エラー発生の通知文等），社内広報，社外とのやりとり
② ストック情報
　業務マニュアル，議事録，企画書，社内 FAQ，教育マニュアル，財務会計情報，管理会計情報，対内部の契約情報，顧客データ，人事情報，認証情報，特許関連情報
③ 個人情報
　社内の個人情報・人事情報，社外パートナーの個人情報，顧客の個人情報

---

## (3)　生成 AI サービスに入力することのリスク検討および評価

　Ⅲ2（各利用シーンで発生し得る法的リスクの具体例）で述べた入力の場面

で発生し得る主なリスクを，情報ごとに検討すべきである。ただし，それぞれのリスクを大・中・小と点数付けするだけでは議論が停滞してしまうから，具体的にどのようなリスクが生じるかを挙げるべきである。

　その際，法的リスクと営業上のリスクとは分けて考えたほうがよい。例えば，顧客の個人情報の流出が個人情報保護法に触れた場合，関与した経営者や従業員は懲役刑という刑事罰に至る可能性がある。一方で，個人情報を含まずに営業手法を含むマニュアルが流出した場合，競合他社の収益拡大による自社利益の低減といった民事的・経済的なリスクにとどまる。こうしたリスクの違いを踏まえた上で，各情報の入力により生ずるリスクを経営判断としてとることができるかを検討したい。

　また，それぞれの情報も状況や条件によってリスクの細分化をすることができる。例えば，議事録1つとっても，全社的に幅広く公開している議事録なのか，それとも社内でも一部の人間にしか閲覧できない議事録なのかによって，生成 AI サービスに入力するリスクの内容およびその程度は変わってくるはずである。


# 3 ｜ ガイドラインのサンプル

　日本ディープラーニング協会がガイドラインを公開したが，読者のガイドライン策定の一助になればと思い，当社が作成した社内利用ガイドラインをサンプルとして提示したい。

## (1)　ガイドラインの目的
### (ア)　条項例

　本ガイドラインは，当社従業員が生成 AI サービスを，業務効率化やサービス品質の向上のために，安全に利活用できるように，生成 AI サービスを利用する

> 際の注意点を規定したものである。生成 AI サービスへの情報入力はその情報に
> よって法令違反や社外漏洩のリスクに晒されること，生成 AI サービスが出力し
> た文章等には誤った情報を含むことが多々あり，生成物の利用が法令等に抵触す
> ることがあることに留意し，本ガイドラインに従って生成 AI サービスを利用す
> ること。

#### (イ)　解　説

　本条項は，本ガイドラインの目的を説明するとともに，冒頭で生成 AI サー
ビスを不注意に利用することの危険性を従業員に説明することで，本ガイドラ
インの遵守の必要性を訴えかけることを企図したものである。

## (2)　生成 AI サービス利用前の確認事項

#### (ア)　条項例

> 　業務利用する大規模言語モデルや画像生成 AI などの生成 AI サービスについ
> ては，必ず上長に報告し，上長が業務利用を禁止した場合はその指示に従うこと。
> ただし，社内情報や個人情報に全く関連しない情報であれば，検証目的で入力す
> ることができる。業務情報を入力する場合は注意事項に沿うこと。また，業務情
> 報を入力しない場合でも，サービス利用前にデータ取り扱いの規約を確認するこ
> とが必要である。

#### (イ)　解　説

#### ①　利用サービスの制限

　本条項は，誰が，どのような生成 AI サービスを，どういう目的で，どのよ
うにして利用開始できるかを規定している。どの部門が普段どのような情報を
取り扱っているかは，ガイドラインを作成する法務部等の管理部門よりも，現
場部門の管理職が詳しく把握していると考えられるから，その管理職の許可を
生成 AI サービス利用開始に前置している。

　本サンプルで規定した内容のほか，生成 AI サービスを利用できる従業員の

業務分野を限定する，一定の研修を受けた人に限定する，個人単位で管理部門の許可を必要とする，といったハードルを設けることも十分に考えられる。

　しかし，当社においては，できる限り多くの従業員に生成AIサービスを使って業務を効率化してほしいという思いから，生成AIサービスに入力可能な情報を厳しく限定することで，各部門の管理職の許可をもって利用可能とする規定にとどめた。

## ⑶　情報入力にあたっての注意事項

### ㋐　条項例

1　生成AIサービスを，業務情報を入力して利用する場合は，ソフトウェア利用申請一覧で許可されたソフトウェア・サービスのみを，許可された方法でのみ利用すること。ソフトウェア利用申請一覧以外のソフトウェア・サービスの利用を希望する場合は，所定の方法で情報セキュリティ部門に申請し，許可を得た上で利用すること。

2　許可されたソフトウェア・サービスであっても，入力した情報を学習するソフトウェア・サービスを業務利用するにあたっては，以下の情報の入力は避けること。

　①　重大な秘密情報

　　ア　個人情報

　　イ　人事情報

　　ウ　パスワード・アクセスキーなどの認証情報

　　エ　営業秘密に関わる情報

　　オ　未公開の特許情報

　　カ　閲覧者が限られている議事録その他の記録の情報

　　キ　重要なインサイダー情報

　②　サービス顧客の氏名，住所，メールアドレス，電話番号又は他の情報と容易に照合することができそれにより特定の個人を識別することができることとなるもの。

　③　当社従業員の氏名，住所，メールアドレス，電話番号又は他の情報と容易に照合することができそれにより特定の個人を識別することができること

> となるもの。

### (イ)　解　説

#### ①　利用できる生成 AI サービス

　先の1(I)で述べたとおり，各従業員が生成 AI の性能とリスクを十分に勘案して生成 AI サービスを選定できると期待すべきではなく，本ガイドラインサンプルにおいても生成 AI サービス選定の裁量は残していない。利用できる生成 AI サービスは事前に法務部門や情報セキュリティ部門等の管理部門が協議して決定し，従業員が一覧できるように準備すべきである。

#### ②　情報入力リスクの捉え方

　生成 AI サービスが，その利用規約において「入力された情報を学習に使わない」と規定していたとしても，悪用防止のために一定期間サーバーに情報が保存されることがほとんどであるから，そのリスクと照らしてなお入力が許されると判断した情報を，入力可能な情報として本条項で規定する。

　入力した情報が一定期間外部サービスのサーバーに保存されるという点で，情報流出による法的あるいは営業上のリスクが生じるから，これらのリスクを考慮の上，入力可能な情報を決定したい。

#### ③　入力可能な秘密情報

　企業であれば，文書管理規定等で秘密情報の定義をしていることが少なくない。そこで定義された秘密情報は，たいていの場合，業務中に知り得たほとんどの情報を指すことが多い。そのため，本条項で単に「秘密情報」と定義した上でその入力を禁止した場合，実質として何らの社内情報も入力することができず，生成 AI サービス利用の目的を達成できないことになりかねない。そのため，秘密情報の中でどの秘密情報を入力してよいのか，あるいは入力できないのかを具体的に列挙することで，生成 AI サービスへの入力リスクという視点から，他の規定の定義にとらわれない制限をすることができる。

　本サンプルでは，2(2)で洗い出した情報のうち，特に入力をしないように規定すべきと考えられる情報を列挙している。これは，生成 AI サービスの利活

用において萎縮がないよう，入力してはいけない情報を指定するブラックリスト方式を採用したものであるが，入力してよい情報を指定するホワイトリスト方式を採用することも考えられる。また，個人情報に限らず，社内情報についても一切の入力を許さないという選択肢も考えられるが，生成AIサービスの用途が極めて限定的となってしまう点に留意したい。

## (4) 生成文章の利用

### (ア) 条項例

> 文章生成AIが生成する文章は，大規模言語モデルの原理上，他人の知的財産権を侵害する生成物を出力する場合，他人の個人情報を出力する場合，出力した文章に含まれる内容が正確でない場合も少なくないことを認識して利用すること。また，文章コンテンツの品質を保つために，ブログ記事の粗製乱造や，生成文章をそのまま利用してはならない。メールやウェブ公開の記事においても，送信や公開をする前に，目視での確認を怠ってはならない。

### (イ) 解 説

文章生成AIサービスは，その特性として，正確でない情報を出力することは珍しくない。日本ディープラーニング協会も「大規模言語モデル（LLM）の原理は，『ある単語の次に用いられる可能性が確率的に最も高い単語』を出力することで，もっともらしい文章を作成していくものです。書かれている内容には虚偽が含まれている可能性があります。」[2]と注意喚起している。特に社外の第三者に対して生成文章を送る前には，filterlingの仕組み化は必須となる。本サンプルでは，人間の目によるチェックを入れることを義務づけている。

---

2　前掲注1参照。

## ⑸　コード生成のために利用する場合

### ㋐　条項例

　　コードを一から書き起こす又は一度書いたコードを修正するために生成 AI サービスを利用する場合は，必ず生成 AI に入力するコードを目視した上で，手動で生成 AI に入力すること。その際，一定範囲のコードをコピー・アンド・ペーストしてもよいが，どのような内容をコピーするかを認識できる範囲で止めること。コーディング環境やコーディングツール等に入力したコードが，そのまま自動的に生成 AI サービスに転送されるような仕組みでコード生成を行ってはならない。

### ㋑　解　説

　システムやウェブサービスの開発を行う企業にとって，ソースコード流出のリスクは企業価値の毀損につながりかねない重大なリスクである。しかし，ソースコードも部分部分だけを見ることができても，何ら利用価値がない場合がほとんどである。そのため，ソースコードが一定にまとまって入力されないような運用にすることで，リスクを最小限に抑えることができる。この点，本サンプルでは，ソースコードを手間なく文章生成 AI サービスに転送するブラウザ拡張機能等の利用を禁止する文言を置いた。

　一方で，自動的にコードが生成 AI サービスに転送される仕組みを採用することで，開発効率を最大化したいという要望も考えられる。そのような仕組みを採用する場合は，コードを転送するシステム等の性質や事業における立ち位置からリスクを評価した上でルールを規定するとよいだろう。

## ⑹　サービスに組み込んで提供する場合

### ㋐　条項例

　1　サービスの提供を開始する前に，必ず当社法務部門・情報セキュリティ部門の確認をとること。

> 2　サービスとして AI が生成するコンテンツを提供する場合は，出力結果が
>  　AI が生成したものであること，内容の正確性には限界があることを明記す
>  　ること。
> 3　利用規約，プライバシーポリシー，免責文言等において，入力情報の取り扱
>  　いとその目的を明記すること。

### (イ)　解　説

#### ①　サービス提供に組み込む前の確認

　生成 AI を利用したサービス提供の可否判断については，サービスの分野や
その時々の時勢により細かく対応することが求められると想定されるから，本
条項では法務部門・情報セキュリティ部門の事前確認を求めるにとどめた。な
お，可否判断を仰ぐタイミングは，開発着手段階とすることも考えられるが，
本サンプルでは提供開始前とした。自社がすでに提供しているサービスに生成
AI を組み入れる場合は，そのサービスの特性を踏まえた方針を改めて策定す
ることが合理的である。

#### ②　内容の正確性および情報の取扱い

　生成 AI を組み込んだサービスを開発する企業に法務部門がある場合は，利
用規約，プライバシーポリシー，免責文言を公表する前にそれらの内容を法務
部門にチェックしてもらうことが想定されるから，本条項2・3の記載は省略
することも考えられる。ただ，従業員に対して，生成 AI サービスの組み込み
のためには利用規約等の準備が必要であることを事前に知らせることができる
という点から，本サンプルでは記載するに至った。

#### ③　生成物の取扱い

　本サンプルでは，法務部門や情報セキュリティ部門等の管理部門が生成 AI
サービスを選定する前提であるため，生成 AI サービスの商用利用可能性には
言及していないが，選定自体をその他の部門や従業員の裁量に任せる場合は，
生成 AI サービスによって出力された生成物が商用利用できるかどうかにも注
意しなくてはならない。例えば，画像生成 AI サービスである Midjourney は，

その利用規約において，無料会員は生成物を商用利用できないよう規定している[3]。

## ⑺　生成物の利用

### ⑺　条項例

> 　生成 AI サービスを利用する場合，以下のようなものの生成・利用は，当社の社会的評価を貶めることに繋がりかねないため，避けること。
> ①　既存の著作物に類似したことが明らかなもの
> ②　道徳的・倫理的に問題があると考えられるもの
> 　画像生成 AI サービス等の文章生成 AI 以外の生成 AI サービスを利用する場合でも同様である。

### ⑴　解　説

　本条項は生成 AI 全般に向けて記載されたものであるが，画像生成 AI サービスでも注意してもらいたいことを付記したものである。

　本条項で列挙した 2 項目では，避けるべき生成画像をイメージしづらいと感じた場合は，Ⅲ 2 ⑺⑴で列挙したような項目をいくつか並べてもよいだろう。

　生成物の利用に際して著作権侵害を避けるために具体的な方策を示すことも考えられる。そのような方策の記入例としては，以下の日本ディープラーニング協会のガイドライン例[4]が参考になるだろう。

> 　生成 AI からの生成物が，既存の著作物と同一・類似している場合は，当該生成物を利用（複製や配信等）する行為が著作権侵害に該当する可能性があります。
> 　そのため，以下の留意事項を遵守してください。
> ●特定の作者や作家の作品のみを学習させた特化型 AI は利用しないでください。
> ●プロンプトに既存著作物，作家名，作品の名称を入力しないようにしてくださ

---

3　"Terms of Service - Midjourney Documentation." 2023年 2 月10日，https://docs.midjourney.com/docs/terms-of-service
4　前掲注 1 参照。

い。

- 特に生成物を「利用」（配信・公開等）する場合には，生成物が既存著作物に類似しないかの調査を行うようにしてください。

# 4 ｜ 運用開始後に注意すべき点

## ⑴　AIサービスの規約の変更への対応

　利用するAIサービスが入力情報を再学習に使用しないことを前提に生成AIサービスに社内情報を入力することを許した場合は，同AIサービスの利用規約が，入力情報を再学習に使用する方向に規約変更されないかどうかに注視し続ける必要がある。実際にそのような規約変更がされた場合は，事前に制定したガイドライン等を変更し，規約変更後は社内情報を入力しないようにルール変更するか，あるいは入力できる社内情報を限定するといった対応を取らなくてはならない。

　こうした規約変更への対応を視野に入れると，サービス選定の段階で，規約変更に際しての事前告知等のルールを明確に示したサービスを重視するということも一案である。

## ⑵　モニタリングによって管理者が情報漏えいに気づいた場合の対応

　生成AIサービスのAPI利用をする場合，APIを使った社内システムを構築して，従業員の入力履歴をログとして管理し，そのログを定期的に監査することができる。その場合，当該ログ監査によって，従業員がガイドラインで入力を禁じている情報を入力してしまっていたことが明らかになるケースも想定されるが，その場合は，入力された情報がどのようなものであるかによって，適切な事後処理をすることが求められる。情報を削除する必要性が高い場合は，

生成 AI サービス運営者のサポート窓口に連絡し，削除を要請することが望ましいが，削除が実現するかどうかは生成 AI サービス運営者の協力姿勢に依存するため，生成 AI サービスの選定時点で信頼性の高い運営会社であるかを見極めることが肝要であるといえる。

## (3)　ガイドラインのアップデート

　生成 AI 利用のガイドラインを運用に載せた後も，定期的に社内ヒアリングを行い，生成 AI サービスを円滑に利用できているかをチェックすることが好ましい。もし実務上何かしらの支障が生じていることが判明した場合は，その支障はどこに原因があるのかを確認し，その原因がガイドラインにあるならガイドラインの改訂を検討すべきである。生成 AI の分野は情報のアップデートが目まぐるしいから，ガイドラインをすぐに大きく変える必要性に迫られる可能性も十分に考えられる。その際も，ガイドラインの各条項を置いた趣旨を思い出し，生成 AI サービスの利用がリスクと隣り合わせであることを忘れないでほしい。

# V　ChatGPT を学校で利用する際に注意するべきこと

高樹町法律事務所　弁護士・ニューヨーク州弁護士　**唐津　真美**

　本書で紹介してきた ChatGPT の利用に関連して生じ得る法的問題は，基本的には学校で ChatGPT を利用する場合にも当てはまる。しかし，特に著作権法においては，学校教育について特別な配慮がなされている。また，教育現場における ChatGPT の利用については，ChatGPT が登場した直後から世界的に議論が巻き起こり，現在も日々状況が変化している。ここでは，ChatGPT に関する教育現場特有の問題に焦点を当ててみたい。

## 1　教育現場における ChatGPT の利用をめぐる議論の概要

### (1)　宿題をこなすための超便利ツール

　2022年11月に ChatGPT が公開されると，特に英語圏の学生達の間では，すぐに便利なツールとして利用されるに至った。その結果，ChatGPT を学校教育に関連して利用することについて，ChatGPT が登場した当初から様々な懸念点が議論されてきた。

　「ChatGPT 以前」の世界では，学生達は，検索ツールで情報を簡単に収集できても，それを文章にまとめる段階では四苦八苦する必要があった。しかしながら ChatGPT は，的確なプロンプト（質問・命令等）を投げかければ，優秀な学生が数時間から数日間を要して作成していたレポートと見劣りしない成果物を即座に生成してくれる。学生達が，無料のレポート執筆・試験対策ツールとして ChatGPT を利用したのは，ある意味では当然のなりゆきだった。

## ⑵　学校側の最初の反応－反 ChatGPT

　欧米の大学では，入学選考にはじまり，教育課程の中においても，エッセイと呼ばれる小論文の提出が頻繁に求められる。高等学校以下の教育機関においても，レポートをまとめさせる課題は多い。また，大学内の試験では，自宅で資料を参照しながら答案を作成して提出する「オープンブック」といわれる試験形態も広く採用されている。これらの場面で学生が ChatGPT を利用することは極めて容易であった。

　教授や教師は，AI に宿題をやらせて優秀な成果物を提出することは，法的問題以前に「ズル」であると考え，まずは ChatGPT の使用を禁止する方向で動いた。オープンブック方式の試験を減らす，提出したエッセイについて口頭試問を取り入れる，手書きのレポート提出を求める，などの方法である。このようなローテクな対策の一方で，学区内の学校のネットワークからオープンAI の Web サイトへのアクセスをブロックする，ChatGPT を含め AI によって生成された文章を識別するプログラムを開発するという，テクノロジーにテクノロジーで対抗する手段の開発も進んでいる。学校教育と GPT をめぐる議論の現在点については後述する[1]。

## 2　学校と ChatGPT─著作権法の観点から

　ChatGPT は，大量の著作物を取り込んで「学習」することによって新たな著作物を生成するため，著作権法上の問題が生じ得ることはすでに見てきたとおりである。

　しかしながら，一方で，教育においてすぐれた創作物を利用することは，情報の豊富化という著作権法の趣旨に照らしても，また新たな創作活動を促すと

---

1　米国の教育現場における ChatGPT の利用をめぐる議論を紹介する記事として，Kalley Huang「Alarmed by A.I. Chatbots, Universities Start Revamping How They Teach」NewYorkTimes 2023年1月23日，Will Douglas「ChatGPT is going to change education, not destroy it」MIT Technology Review 2023年4月6日など。

いう意味でも重要だと考えられており，著作権法は，教育における著作物の利用に関して権利制限規定を設けている。学校における ChatGPT の利用をめぐる著作権問題を理解する前提として，学校教育に関連する著作権法の規定を概説しておきたい。

## (1)　学校における著作物の利用

　小・中学校および高等学校における授業，さらに大学における講義では，各生徒が購入している教科書や副教材に加え，教員が，授業で参照する補助資料を配布することがある。そのような授業資料に第三者が作成した著作物が含まれている場合には，著作権法上の問題（複製権侵害など）が生じる可能性がある。

　もっとも，教員が第三者の著作物を利用して授業資料を制作する場合は，適法引用に関する権利制限規定の適用を受ける場合も多いと思われる。著作権法32条1項は，公表された著作物の引用が「公正な慣行に合致するものであり，かつ，報道，批評，研究その他の引用の目的上正当な範囲内で行なわれるもの」であれば，適法引用として許諾を得ない利用を認めている。著作物自体が先人の文化遺産を母体としてできあがっていくものであることに配慮した規定だと理解されている。一般的には，

---

① 　引用部分が公表された著作物であること，
② 　引用部分と自己の著作物の区分が明瞭であること，
③ 　自己の著作物が「主」で引用部分が「従」であること，
④ 　引用の目的上正当な範囲内であること，
⑤ 　出所を明示すること，

---

が，適法引用の要件だとされている。他方，引用する著作物が「他人の著作物を侵害していないこと」は，適法引用の要件とはなっていない。

　ChatGPT が生成した文章が著作物なのか，誰かに作者としての権利を認めるべきなのか，という点は議論が分かれるだろう。しかし，引用の趣旨に照らすと，仮に ChatGPT が生成した文章が他人の著作権を侵害している場合でも，その文章を引用に相当する方法で利用することは認められて良いのではないだろうか。適法引用に相当する場合には，教育に関する権利制限規定（次項）の適用を考えるまでもなく，ChatGPT が生成した文章の複製もオンライン授業による公衆送信も自由にできることになる。

## ⑵　教育における権利制限規定

　著作権で保護されていない素材のみで授業資料を作ることは容易ではない。また，授業資料の全部が他人の論文や新聞記事のコピーや，ChatGPT が生成した文章である場合には，適法引用の規定は適用されない。そのような場合には，著作権法35条の権利制限規定（学校その他の教育機関における複製等）の適用を検討する必要がある。35条は，授業資料として著作物が利用される場合に特化した権利制限規定であり，適法引用に該当しない場合でも，同条により許される場合があるからである。

　もともとの35条は学校等の教育機関における著作物の複製を認める規定であり，平成15年の改正法によって遠隔地における合同授業も対象となった。平成30年改正においては，タブレットを利用した個別授業などの教育の情報化に対応した改正が行われた。具体的には，遠隔合同授業以外のための公衆送信全般を対象とするとともに，新たに権利制限の対象となる公衆送信については，著作権者に補償金を受ける権利を付与した。従来から認められていた遠隔合同授業は補償金の対象外であることも明確にされた。補償金制度の設置に伴い，権利行使を行う管理指定団体に関する規定も整備された（104条の11以下）。この改正により，指定管理団体への授業目的公衆送信補償金の支払を条件として，教員の面前で授業を受けている者がいないスタジオ型の同時一方向のオンライン授業，授業と異なるタイミングで配信されるオンデマンド授業，教員が他人の著作物を用いて作成した予習・復習用の教材を児童生徒等にメール送信する

ことなどが，権利者の許諾を得ずに行えるようになった。

## ⑶　35条の適用範囲

　教育における権利制限規定（35条）にしても，利用する著作物が他人の著作権を侵害していないことは要件とされていない。つまり，教員が ChatGPT を利用して副教材を作成し，または学生や生徒が ChatGPT を利用して学校の宿題レポートを作成して，その成果物が他人の著作権を侵害するような場合も，35条の適用範囲であれば，原則として著作権の問題は生じないことになる。

　35条の恩恵を享受するためには，以下の要件を満たすことが必要になる。

### ㋐　学校その他の教育機関（非営利）であること

　「授業目的公衆送信補償金規程」[2] における教育機関は，「幼稚園，小学校，中学校，義務教育学校，高等学校，中等教育学校，高等専門学校，大学，特別支援学校，専修学校，各種学校，保育所，幼保連携型認定こども園，放課後児童クラブ，省庁等大学校，職業能力開発施設，社会教育施設，教育センター」であり，幅広い。

　一方で，予備校，塾，カルチャースクールは非営利の教育機関には該当しない。規制緩和の一環として営利企業である株式会社による学校経営が可能になったことに伴い，学校運営の範囲においては株式会社にも適用されることになっている。

### ㋑　教育を担当する者・授業を受ける者による利用であること

　上記の教育機関における教育担当者とその授業を受ける者（児童・生徒・学生・院生）による行為であることが必要である。総合的な学習の時間等において，児童・生徒が調べ学習などの成果を資料にまとめクラス内に配付するような学習形態も増えているが，調べ学習をした児童・生徒の行為についても本条の適用はある。授業を担任する教員の指示に基づいて学校職員や指導助手が複製・公衆送信を行うことも，問題ないとされている。

---

2　一般社団法人授業目的公衆送信補償金等管理協会「授業目的公衆送信補償金規程」https://sartras.or.jp/wp-content/uploads/hoshokinkitei.pdf

#### ㈦　授業について必要な範囲内であること

　「授業」とは，教科の授業に限られるものではなく，教育課程に位置づけられた運動会，文化祭等の学校行事など特別活動についても該当すると考えられている。文化祭や運動会では，児童・生徒が看板に人気キャラクターを描いていることがよくあるが，その学校行事の教育効果を高める上で必要であると認められるならば，許諾を得ずに複製できる場合に該当すると考えることができる。生成系AIで描いたイラストでも同様である。

#### ㈡　著作権者の利益を不当に害しないこと

　「必要と認められる限度」内であっても，著作権者の利益を不当に害する場合には，35条の対象外となる。「必要と認められる限度」であるかどうか，および「著作権者の利益を不当に害する」かどうかは，利用された著作物の性質や分量等の様々な要素について総合的に考慮して，著作権者が市場から得ている（あるいは得ることが見込まれる）利益を害するかどうかにより判断される。

　35条により利用が認められる範囲については，教育関係者，有識者，権利者で構成する「著作物の教育利用に関する関係者フォーラム」が教育現場での著作物利用に関するガイドラインに当たる「改正著作権法第35条運用指針（令和2（2020）年度版）」を公表している。2020年12月24日公表された「35条ガイドライン（令和3（2021）年度版）は，「必要と認められる限度」などのポイントについてより詳細な考え方を示す内容となっているので参照されたい[3]。

# 3 ｜ ChatGPTと学校教育—その他の問題点

## ⑴　校則等によるChatGPT利用の規制

　前項で見たように，学校教育に関連してChatGPTを利用する場合は，著作権法の観点から問題になる可能性は高くない。しかし一方で，学生や生徒が

---

3　著作物の教育利用に関する関係者フォーラム「改正著作権法第35条運用指針（令和3（2021）年度版）」https://forum.sartras.or.jp/wp-content/uploads/unyoshishin_20201221.pdf

ChatGPT などの生成 AI に依存すると批判的思考力や問題解決能力といった生きるために不可欠な能力を育むことはできない，と考える教育関係者は多い。本稿執筆時点においても，2023年 3 月にオープン AI が公開した，ChatGPT に採用している大規模言語モデルの最新版である GPT-4が米国の司法試験に合格できた，日本の医師国家試験にも合格できた等々のトピックが日々話題になっているが，ChatGPT の能力が高くなることと比例して教員側の危機感も募っている。日本の学校においても，課題の作成において ChatGPT の利用を禁止するようなルールを設け，違反した場合には罰則も検討される可能性がある。

　日本においては，特に中等学校の校則をめぐって「校則裁判」が提起されることがある。校則に違反して，学校生活における有形無形の圧力や懲戒処分を受けた生徒や保護者が，校則の違憲，違法を争う裁判である。頭髪や服装に関係する校則が対象となることが多い。これらの訴訟では，具体的な生徒処分における教育裁量権行使の適法性ではなく，処分を根拠づける一般的な定めである校則自体の合憲性・適法性が，主要な争点となっている。

　頭髪や服装への問題に比較すると，学校における ChatGPT の利用は，人権に関わる程度は弱く，また，利用を規制する理由も教育的観点から説明することが容易である。したがって，学校のルールで ChatGPT の利用を規制すること自体は，学校の裁量の範囲内であると判断される可能性が高いと思われる。

　ただし，そのようなルールを学校が設けたとしても，これを運用することは容易ではない。ChatGPT が生み出す文章は固有のもので，全く同じプロンプトを与えても異なる結果を出力する。したがって，教員が「この生徒にしては出来が良すぎるレポート」を見て疑問に感じても，生徒が ChatGPT の利用を"自白"しない限り，教員が書き手を見破ることは実質的に不可能だと考えられるからである。

## ⑵　コンクール等への応募

　小学生の読書感想文や，中学校における課題作文などは，一次的には学校の課題として提出し，その後，学校をとおして対外的なコンクール等に応募される場合も少なくない。この場合は，学校内の規則だけではなくコンクールの応募要項が適用されることになる。これらのコンクールでは，多くの場合，剽窃や盗作を明確に禁止している。今後は，ChatGPT 等の AI の生成物の応募も禁止するコンクールが増えてくると思われる。ここでも，応募者が自白しない限り主催団体側が見破ることは困難だと思われるが，児童・生徒自身がChatGPT を利用したことを認識しているのであれば，たとえ見破られなくても心理的な負担になるであろうし，万が一でも受賞後に ChatGPT の利用が発覚して受賞取消などになれば，どのような形で誹謗中傷を受けるかもわからない。学校側は，対外的に応募する作品については，これらのリスクをあらかじめ生徒に説明して特に注意喚起しておくことが必要だと思われる。

## ⑶　研究活動における不正行為

　大学においては，学生の生成物であっても，大学における研究活動の一環と位置づけられるケースもある。学術論文に関しては，不正行為について特段のルールが設けられている。たとえば「研究活動における不正行為等への対応に関する規則」（平成27年３月25日平成27年規則12号）は，国立研究開発法人科学技術振興機構が国費を原資として研究機関等に対し配分する競争的資金等を使用した研究活動において，研究者等が行った不正行為等への対応に関する取扱いおよび不正行為等を行った研究者等に対する処分の内容等について定めたものであるが，そこでは，「不正行為」とは，「研究活動において行われた故意又は研究者としてわきまえるべき基本的な注意義務を著しく怠ったことによる，投稿論文など発表された研究成果の中に示されたデータや調査結果等の捏造，改ざん及び盗用」と定義されている（３条⑴）。執筆時点では，「盗用」とは「他の研究者等のアイディア，分析・解析方法，データ，研究結果，論文又は用語を，当該研究者の了解又は適切な表示なく流用すること。」と定義されており，

ChatGPT の利用がただちに該当するかは明確ではないが，今後は，ChatGPT による論文の全部または一部の執筆が不正行為だと規定される可能性が考えられる。

執筆時点では，群馬大学が，AI の文章をそのまま使ってレポートや学位論文を作成することは不正に当たるとして，学生に注意を呼びかけている[4]。レポートなどの作成に利用できるのは，教員の指示を受けた場合に限るとされている。東京大学も，2023年 5 月18日までに，ChatGPT など生成系 AI の授業での利用の方針を公表した。教育現場での生成 AI の利用を一律に禁止することはしないとした上で，教員が授業で生成 AI を利用する場合には，著作権侵害の懸念や個人情報漏えいの危険性などの問題点を学生に説明するように求めている[5]。

## ⑷　学校現場での ChatGPT 利用ガイドライン作成の動き

文部科学省は現在，ChatGPT に代表される生成 AI の学校現場での取扱いを示すガイドライン（指針）を早期公表する考えを明らかにしている。中央教育審議会の有識者会議は2023年 5 月16日に初会合を開き，内容の検討を始めた。授業での活用法や利用を禁じるケースを盛り込み，2023年夏にも公表されることが予定されている。指針には「禁止すべきだと考えられる場面」といった留意点と，「活用が考えられる場面」の両面が盛り込まれる予定であり，禁止場面の例としては，作文や読書感想文で，生成 AI が生成した文章を丸写しする事例が挙げられているようである[6]。さらに利用の際の年齢制限と著作権の扱い，生成 AI 自体を学ぶ授業などについても示すことが検討されているとのことである。ルールが明確化されて，学校関係者の疑問の多くが解消されることが期待される。

---

4　群馬大学公式サイト https://www.gunma-u.ac.jp/information/156030（2023年 4 月14日発表）。
5　「生成 AI　東大が利用方針　プレゼン練習など例示」日本経済新聞2023年 5 月18日。
6　「生成 AI　授業で活用を探る　作文丸写しなど禁止場面も想定」日本経済新聞2023年 5 月17日。

# 4 ChatGPT と学校教育が共存する未来

　2023年4月の大学入学式では，東京大学や京都大学をはじめとする複数の大学の式辞の中で，ChatGPT が言及された[7]。これは，ChatGPT が，教育関係者にとって良くも悪くも重要な存在と認識されていることの証左といえる。現時点では，教育的観点から学校における ChatGPT の利用を一定範囲で規制する流れにあるように思われるが，生成 AI は今後さらに精度が高まり，見破ることが難しくなっていくと予想される。生徒や学生が生きる未来は，より高度な生成 AI が存在する世界であることは間違いない。

　世界を見ると，ChatGPT 登場時の拒絶反応の段階を経て，多くの教育関係者が，ChatGPT は教育をより良いものにしていくために有効な存在ではないかと考え始めているように思われる。授業の双方向性を高める，各生徒に合わせた個別の授業計画を策定する，教員の事務作業の時間を減らすなどの授業支援ツールとして利用できる可能性もあるだろう。また，ChatGPT が生成する「正しいようで実は深刻な間違いを含む文章」を題材にして，生徒達にメディアリテラシーを教えるという使い方もできると思われる。2023年5月に日本で開催された G7教育相会合の閣僚宣言では，「生成 AI を含むデジタル技術の急速な発展が教育に与える正負の影響を認識する」としつつも，同時に，生成 AI が学習や指導に好機をもたらすとも明記している。

　教育者は，批判的思考力や問題解決能力を養成することや，生徒・学生を公正に評価することが求められると同時に，未来の世界に向けて準備させるために，何が必要なのかを常に考える必要がある。ChatGPT が，学校教育の敵ではなく，学生・生徒の知的発展を支える良い仲間になっていくことを期待したい。

---

　7　「東京大学長，入学式でチャット GPT に言及「経験学習が重要」」毎日新聞2023年4月12日，北村有樹子「「ChatGPT でなく，自分の文章練り上げて」京大入学式で湊総長」朝日新聞2023年4月8日。

# Ⅵ　その他法律・技術にまつわる，困ったとき・ふとしたギモンQ&A－秘密保持義務を中心に－

弁護士　清水　音輝

## Q1 ChatGPTを業務で利用することが秘密保持義務に違反しないか

　ChatGPTを業務で利用する者は，何らかの形で所属組織や取引先との間で秘密保持契約を締結し，秘密保持義務を負うことがある。秘密保持義務を負う者は秘密情報を第三者に開示してはならない義務を負うが，ChatGPTを利用して行われる業務は，秘密情報を取り扱う業務に密接な関係があることが多く，ChatGPTの利用が秘密保持義務に違反しないかがしばしば問題になる。

### 1　ChatGPTの概要と問題意識

　ChatGPTは，入力された命令文に対して，一定の応答を出力文として提供するアプリケーションである。例えば，ChatGPTは，「製品Aの宣伝のための記事を書いてください。製品Aは，B社と共同開発したものになります。」といった命令文の入力を受けた場合，出力文として，B社と共同開発した製品Aの宣伝記事を提供することが可能である。

　ChatGPTは，大規模言語モデルによる機械学習技術を用いている点に特徴があり，従来の機械学習モデルよりも出力文の精度が高いため注目が集まっている。ChatGPTの用途としては，業務マニュアルの作成，インタビュー記事の要約，英文記事の翻訳およびリサーチ等を挙げることができる。

　もっとも，最近ではChatGPTを利用することによる機密情報の漏えい事件がしばしば問題になっている。ChatGPTの利用者は，成果物の作成のために第三者であるOpenAI社が管理するデータベースに命令文を送ることになるところ，当該利用者が秘密保持義務を負っている場合，このような命令文の送

付がかかる義務に違反しないかが問題となる。

## 2　秘密保持義務

　事業や取引に伴って情報を開示し，または受領する者は，秘密保持契約を締結し，秘密保持義務を負うことがある。秘密保持契約は，秘密情報を保護し，当該情報が不適切に公開されることを防ぐ目的で締結される。また，雇用契約を締結した労働者は同契約の付随的義務として秘密保持義務ないし守秘義務を負うことになる[1]。実務上，従業員は秘密保持誓約書を所属企業に対して差し入れ，かかる誓約書に記載された具体的な内容について守秘義務を負うことがある。契約によって秘密保持義務を負う者は，他方当事者の同意がない限り，原則として秘密情報を第三者に開示してはならない義務を負う。秘密保持義務ないし雇用契約に付随する守秘義務に違反した場合，関連する契約の解除や損害賠償責任に結びつく可能性があるため注意を要する[2]。開示してはならない秘密情報の範囲については後述するが，秘密情報には，企業戦略や技術情報，顧客情報，営業秘密などが含まれることになる。

　他方，秘密保持契約においては，特定の状況下で秘密情報の開示が許容される例外条項が設定されることがある。例えば，規制当局への開示，関係アドバイザーへの開示，事務員への開示ならびに委託先への開示などが許容される条項が含まれることが多い。かかる例外条項は秘密保持契約において明確に定められ，開示が許可される範囲や条件が詳細に記載されることが一般的である。なお，関係アドバイザーや委託先等に対する情報の開示については，例外条項による開示が認められるのは開示先が当該秘密保持契約に基づくものと同等の秘密保持義務を負う場合に限るとされているケースが多い。

　また，実務においては，秘密情報の重要性に応じて，情報の保護レベルが階層化される場合がある。例えば，秘密情報の中でも，委託先に一切開示できな

---

　1　菅野和夫『労働法〔第12版〕』（弘文堂，2019年）158頁。
　2　悪質な事案であるといえるが，秘密保持義務違反に基づく損害賠償請求および懲戒解雇が認められた事案として，東京地判平14.12.20労経速1835号３頁〔日本リーバ事件〕，東京高判昭55.2.18労民31巻１号49頁〔古河鉱業事件〕参照。

い情報，組織内の特定の者にのみ開示が認められる情報，組織内で限定された特定の者に対して特定のデバイスを使用する場合に限り開示が認められる情報，といった形で情報の保護レベルが階層化されることがある。

　情報の管理体制がさらに階層化されている例もしばしば存在するところ，情報の保護レベルを階層化することで，組織内での情報の取扱いや管理が容易になり，情報漏えいのリスクを軽減することが可能になっている。秘密保持義務を前提に秘密情報の開示を受けた者は，その秘密情報の重要性および取扱方法をよく確認した上で，秘密保持契約や契約に付随するルールに従って当該秘密情報を取り扱う必要がある。

## 3　ChatGPT に秘密情報を入力すること

　ChatGPT のサービスを提供する OpenAI 社の利用規約では，API 経由で ChatGPT に情報が入力された場合，またはオプトアウトのリクエストが行われた場合，入力された情報は ChatGPT を含む OpenAI 社のサービスの能力改善に使用されないとされている[3]。ここで，このような形で ChatGPT を利用する場合には秘密保持義務への違反は認められないのではないかという問題提起がなされることがある。すなわち，ChatGPT に入力した秘密情報がサービスの能力改善に使用されない場合，当該入力を原因として ChatGPT の他の利用者が秘密情報を含む出力文の提供を受けることがなくなるため，API 経由で ChatGPT を利用する場合等には秘密保持義務に違反しないのではないかという問題意識である。

　しかしながら，ChatGPT に秘密情報を入力する場合，この入力の時点で OpenAI 社への秘密情報の開示が認められる可能性が高いといえる。そのため，ChatGPT の他の利用者が秘密情報を含む出力文の提供を受けられないからといって，必ずしも秘密保持義務の違反が認められないとはいえないと考えられる。ChatGPT を利用する際に秘密保持義務によって守られるべき秘密情報を

---

3　OpenAI "Terms of use" https://openai.com/policies/terms-of-use 参照。

入力することは，OpenAI 社が管理するデータベースに命令文を送信することを意味するため，秘密保持義務に違反する可能性が高い。

　ここで，秘密保持契約には，委託先等の第三者に同等の秘密保持義務を負わせることを条件として秘密情報の開示を許容する例外条項が存在する場合があるところ，このような場合，ChatGPT への秘密情報の入力が秘密保持義務に違反するかが問題になる。

　この点，現時点の OpenAI 社の利用規約には ChatGPT への入力内容を秘密情報として取り扱う旨の規定は存在せず，OpenAI 社は，ChatGPT の利用者が負っている秘密保持義務と同等の秘密保持義務を負うわけではないように思われる。当該利用規約では，API 経由で ChatGPT に提供される情報やオプトアウトのリクエストがなされた情報がシステムの能力改善に使用されないことについて明記されているものの，この規定は OpenAI 社がその情報を秘密情報として保持することを意味しているわけではない。

　したがって，秘密保持契約に上記のような例外条項が存在するとしても，かかる例外条項を根拠に ChatGPT への秘密情報の入力が認められると考えることは困難である。仮に秘密情報を業務上 ChatGPT に入力する必要がある場合，API 経由で ChatGPT を利用する場合に限り，ある一定の指定された秘密情報を ChatGPT に入力することを許容する例外条項を秘密保持契約に追加することによって，ChatGPT への秘密情報の入力が秘密保持義務に違反しないことを担保することが検討されることになる。

　また，秘密保持義務の範囲は曖昧であることが多く，自己判断で秘密保持義務の範囲を安易に判断し，秘密情報に該当するか否か明確でない情報を ChatGPT に入力した場合，思わぬトラブルに発展することがある。そのため，ChatGPT を業務で利用する場合には，関係者との間で事前に協議し，ChatGPT を利用することに関する同意を得ることが望ましい。契約の内容によっては書面や電磁的記録などの形式で同意を取得しなければならない場合がある点には注意が必要である。また，仮に契約において同意の形式が指定されていない場合であっても，口頭での同意取得はトラブルの原因になることがある。そのた

め，ChatGPT の利用に関する同意を取得する際には，同意があったことを示す明確な記録を残すことが重要である。

　なお，以上の議論は執筆時点の ChatGPT のサービスを前提にしている点には注意が必要である。今後，ChatGPT の利用規約を含めた OpenAI 社の情報管理体制が変更された場合などには，秘密保持義務に違反しない形で秘密情報を ChatGPT において利用できる可能性は認められる。AI を取り巻く環境は変化が激しいため，今後の動向を注視する必要性が高い。

# Q2　どのような情報が ChatGPT に入力できない秘密情報に当たるか

　秘密保持契約等における秘密情報を ChatGPT に入力することは，同契約の違反を惹起するため原則として避けるべきである。もっとも，秘密情報に該当しない情報であれば，ChatGPT に入力したとしても秘密保持義務の違反を構成しないことが一般的であるため，秘密情報の範囲がしばしば問題となる。

　秘密保持契約において，秘密保持義務の対象となる秘密情報の範囲は，個々の秘密保持契約や秘密保持誓約書の記載方法に応じて様々である。もっとも，一例として，秘密情報の範囲として以下のような定め方が考えられる。

---

(1)　他方当事者から開示された一切の情報
(2)　本件業務に関連する情報
(3)　客観的に秘密性があると判断される情報
(4)　情報を開示した者が特に秘密であると指定した情報
(5)　列挙された具体例に該当する内容

---

　秘密情報の範囲は，上記の文言を組み合わせつつ，当事者間の交渉力や取引

の性質を考慮して決定される。

　(1)および(2)のように「他方当事者から開示された一切の情報」や「本件業務に関連する情報」といった形で秘密情報の範囲が定められた場合，限定的に解釈される可能性はあるものの，その秘密情報の範囲は文言上広いため，ChatGPTに入力できる情報の範囲は限定されやすくなる。

　また，(3)のように「客観的に秘密性があると判断される情報」と秘密情報の範囲が定められている場合や，単に「秘密情報」とのみ規定されている場合，秘密保持義務を負うべき秘密情報の範囲が曖昧になり，ChatGPTに入力できる情報の範囲を正確に把握することはやや難しくなる。

　他方，(4)および(5)のように「情報を開示した者が特に秘密であると指定した情報」や「列挙された具体例」に該当するものが秘密情報として定められた場合，比較的，秘密情報の範囲を特定しやすいといえる。この場合，文書におけるマル秘表示の有無や具定例の該当性判断の検討によって，当該情報が秘密情報であるか否かを判断することになる。

　ここで，上記の秘密情報の範囲に含まれる情報について，秘密保持契約によって秘密情報の範囲から除かれるものがある点については念頭に置く必要がある。例えば，一般的には，秘密保持契約において，以下のように秘密情報の範囲から除かれるものが規定されることがある[4]。

---

(1)　開示された時点において，受領当事者がすでに了知していた情報
(2)　開示された時点において，すでに公知であった情報
(3)　開示された後に受領当事者の責めに帰すべき事由によらずに公知となった情報
(4)　開示当事者に対して秘密保持義務を負わない正当な権限を有する第三者から，受領当事者が秘密保持義務を負うことなく適法に取得した情報

---

　4　森本大介ら編『秘密保持契約の実務〔第2版〕』（中央経済社，2019年）23頁以下も参照。

　このように本来，情報の開示を受けた者が自由に開示しまたは使用すべき情報については，秘密情報の範囲から除外する旨の条項が規定されることが多い。さらに，これら以外にも両当事者が特に指定した情報等について，秘密情報から除外する条項が規定されることがある。

　ChatGPTを利用する際には，秘密情報の範囲について，情報開示者による秘密情報の指定の有無や，当該情報が秘密情報の範囲から除かれる情報に当たるか否かを考慮して判断することになる。そして，その範囲が不明確である場合には，秘密情報の範囲について当事者間でトラブルに発展する可能性があるため，可能な限り秘密情報の範囲を確認し合意することが望ましい。

　秘密情報の範囲が不明確である場合や，過度に広範である場合，裁判例においては，しばしば不正競争防止法2条6項の「営業秘密」の考え方を参考に秘密情報の範囲が判断される[5]。

　具体的には，裁判例においては，企業の従業員との関係で秘密情報の範囲を判断する場合，秘密保持義務に係る秘密情報の範囲は不正競争防止法2条6項の「営業秘密」の範囲と同義ではないものの，いまだ公然と知られていない情報であるか（非公知性），当該企業の活動上の有用性を持つものであるか（有用性），あるいは当該情報が当該企業において明確な形で秘密として管理されているか（秘密管理性）といった点が重視されている。

　特に，エイシン・フーズ事件の判旨は，秘密保持条項の対象は，「公然と知られていないこと，原告の業務遂行にとって一定の有用性を有すること，原告において従業員が秘密と明確に認識し得る形で管理されていること」が必要であると説明した上で，秘密情報が記載された文書は「社外持出し禁」との表示が付されていなかった点を認定し，当該文書は従業員が秘密と明確に認識し得る形で管理されていたということはできない旨判示している。エイシン・フーズ事件を踏まえると，秘密情報の範囲を判断する上では，文書やファイルに秘

---

5　東京地判平29.10.25裁判所ウェブサイト〔エイシン・フーズ事件〕，東京地判平27.3.27労経速2246号3頁〔レガシィ事件〕，東京地判平24.3.13労経速2144号23頁〔関東工業事件〕参照。また，経済産業省「営業秘密管理指針」（2019年1月）も参照。

密情報が含まれていることがわかるようなマル秘表示等の文言が挿入されているか否かなど，秘密と明確に認識し得る形で当該情報が管理されているか否かが重要な考慮要素になると考えられる。

## Q3 ChatGPTを使用する際に秘密保持義務との関係で気をつけるべき業務の類型と対応策について教えてほしい

　ChatGPTは，記事の作成，報告書の要約および英文の翻訳等に用いることができるが，これらに限られず，様々な用途に用いることが可能である。もっとも，秘密保持義務との関係では，秘密情報がChatGPTに入力されやすい使い方について注意する必要がある。例えば，ChatGPTを使用する際に秘密情報が入力されやすい業務類型として以下のようなものが挙げられる。

### 1　システムの開発または運用に関する業務

　ChatGPTは，プログラミングコードの生成やエラーの修正のように，システムの開発または運用に関する業務において非常に有用である。もっとも，プログラミングコードそれ自体が企業の重要な知的財産である場合は，当該コードが重要な営業秘密として管理されていることがある。また，業務で取り扱うシステムが秘密情報を管理している場合，システムに関する業務を行う中で秘密情報に接する機会は非常に多いと考えられる。そのため，特に業務で使用しているプログラミングコードやそれに付随する情報をChatGPTに入力することは，類型的に秘密情報の流出リスクが認められると考えられる。

　例えば，プログラムの実行中にエラーが確認されたため，問題となったプログラムのソースコードすべてをコピーしてChatGPTに入力した事案において，当該ソースコードに秘密情報が含まれており，秘密情報が外部に流出してしまったケースが存在する。営業秘密の漏えいに関する悪質なケースでは，営業

秘密の漏えいに関与した者について，秘密保持義務違反や不正競争防止法違反に基づく損害賠償責任等が認められるおそれがあるため注意を要する（民法415条，不正競争防止法2条1項7号，4条参照）。

## 2　会議の議事録作成や文章の要約

ChatGPTはまとまった文章を読み込んで要約を作成することが得意であり，議事録作成や文書の要約作成等において有用である。しかしながら，議事録の対象となる会議の書き起こし資料や要約の対象となる文書には，個別の取引に関する内容や新規事業の計画など秘密情報が含まれていることが多い。そのため，秘密情報がやりとりされる会議の書き起こし資料や取引先からの受領資料等について，要約のためにChatGPTを利用することは秘密保持義務に違反する可能性が類型的に認められるといえる。

この問題の対応策としては，固有名詞や個別の取引条件等を削除した文章をChatGPTに入力することが考えられるが，このような処理を施した場合であっても文章の文脈から秘匿すべき情報が推知できることがある。単に文章の一部を削除したにすぎない場合には秘密情報を外部に流出させてしまうおそれがある点には留意する必要がある。

## 3　公表文書の改訂作業等

ChatGPTは公表文書の改訂作業等においても活用されている。もっとも，ChatGPTは，文書の修正に関する指示に従ってただちに正しい文章を生成することができるわけではなく，最終的な成果物を完成させるために追加で修正を行う必要がある。そして，このような追加の修正作業は，改訂途中の文書をChatGPTに入力して行われる場合があるところ，当初は秘密情報でなかった公表文書が修正の過程で秘密性を帯びてしまい，修正内容を含めた当該文書の内容がChatGPTに入力すべきではない秘密情報に変わってしまうことがある。例えば，1カ月後に公表予定の情報を加える改訂作業をしている中で，当該情報を含む改訂途中の資料をChatGPTに入力しながら追加修正の指示を行って

しまい,未公表情報を流出させてしまう可能性がある。ChatGPTに対して追加の修正指示を行うことは,類型的に秘密情報の流出のリスクがあるといえる点には留意する必要がある。

## 4　ChatGPTその他のAI製品を有効に使用するための対応策

　上記の業務に関する問題に対応するためにはいくつかの対応策が考えられる。まず,秘密保持義務を負う者は,関係当事者との間で,ChatGPTを使用することができる業務範囲および情報の内容を明確化する合意を行うことが考えられる。特に企業が従業員に対してChatGPTを利用することを奨励する場合は,ChatGPTを使用することができる業務範囲および情報の内容を具体的に通知することが望ましい。上記で挙げたリスクが存在することを考慮すると,組織内の従業員がChatGPTを使用することについて萎縮効果が生じてしまい,ChatGPTが使用されにくい状態が生じる可能性がある。ChatGPTを有効活用するためにはマニュアルの作成等によりその利用範囲について明確化することが重要になるといえる。

　また,外部に情報が流出しない仕様を有するAI製品や,入力された情報に対してAI製品の提供者がアクセスできないような仕様になっているものについては,秘密情報を入力したとしても秘密保持義務に違反しない形で当該AI製品を活用することが可能な場合がある。AI製品を活用することができる業務には秘密情報が含まれやすいことを考慮すると,このようなAI製品を活用することは有効な対応策となる。

　なお,かかるAI製品を使用することが秘密保持義務に違反しないことになるか否かは当該AI製品の仕様および利用規約ならびに各秘密保持義務の内容に応じて個別に判断されるものであり,特に業務においてAI製品を導入する際にはその仕様および利用規約等について丁寧な検討が求められる点には留意する必要がある。

# 第6章 ChatGPT の未来[1]

桃尾・松尾・難波法律事務所　弁護士・ニューヨーク州弁護士
慶應義塾大学特任准教授
AI・契約レビューテクノロジー協会　代表理事　　　**松尾　剛行**

## 1 はじめに―技術的制約から未来を見据える

　ChatGPT および大規模言語モデル（Large Language Models, LLM）技術を用いた類似の AI[2] は将来有望で，ビジネスパーソンの業務を大きく変える可能性がある。ChatGPT の未来を論じる上では，現時点のプロダクトを念頭に置くべきではない。それは，技術が将来的に発展していくからである。

　だからこそ，技術的制約，すなわち，将来の技術発展にもかかわらず，大きなブレイクスルーが生まれない限り引き続き残存し続けると思われる制約を考えることが重要である。

　ChatGPT を含む学習型 AI の技術的制約として，以下が挙げられる。

- 本質的には「わかっていない」まま「データが多い」分野について「それらしい」振る舞いが上手くなっていくだけであって，新しいこと/データが少ない

---

1　本稿は，「最新 AI 技術と法務実務への影響〜弁護士と企業法務が ChatGPT を考える〜」（https://legalforce-cloud.com/download/108）登壇の際の原稿，「ChatGPT 等の AI 技術の発展と弁護士実務への影響」（https://note.com/matsuo1984/n/n006e3e569eb0）という Note，および約20件以上の勉強会，セミナー等で発表した内容を一部元にしている。勉強会やセミナーの参加者の方には，鋭い質問をいただき，それを踏まえて考えることで議論を発展させることができたことに感謝したい。特に，金子晋輔弁護士には，詳細なコメントをしていただき，感謝している。なお，ビジネスパーソンを念頭に置いた本稿と異なる視点から，弁護士や企業法務担当者を念頭に置いた『法律実務のための ChatGPT（仮）』を2023年のお盆前に弘文堂から出版予定である。

2　以下では，これらをまとめて「ChatGPT」と総称する。そこで，Google の Bard や Amazon の Titan，Facebook 系 OSS の LLaMa，和製や中国製の LLM 等も含まれる。

ことについて適切に対応できないこと
- 透明性が低い（人間と同様の示し方では根拠を示すことができない）こと
- 操作・攻撃の可能性があること
- 責任を取らないこと，および，判断ができないこと

ChatGPT は，ますます多くのデータを学習することで，ますます賢く見えるような振る舞いをするようになり，将来的には多くの業務が ChatGPT を利用して実施されるようになる。しかし，そうであっても，ChatGPT が本当の意味で物事をわかった上で回答をしているのではなく，その根拠を問うても，人間のような示し方をしてもらえず，データの汚染等によって誰かが意図的に ChatGPT が誤った回答をさせるかもしれず，結局のところ ChatGPT がその回答に責任を持たない以上，ChatGPT の回答は参考に過ぎず，人間が判断をしてその判断に対して責任を取るしかないのである。

このような根本的制約の存在にもかかわらず，ChatGPT がまるで「万能」であるかのように見えるため，使い方を間違えてしまうことが大きなリスクである。

以下では，ChatGPT の技術自体は発展するものの，このような技術的制約は残ることを前提に論じる。なお，筆者は2040年頃まではこの議論が当てはまると考えているが，この予想は外れるかもしれない。

## 2 ｜ 将来期待されるさらなる高度化の展望

いわゆるキャズム理論[3]に引き直すと，ChatGPT は，少なくとも2023年5月の時点でもはやイノベーターのみが利用する製品ではなく，アーリーアダプターも利用するようになった。しかし，現時点における「生」の ChatGPT はデー

---

3　イノベーションを伴う新たな製品が世に出た際に，その製品が市場に普及するために超える必要のある「溝」に関する理論。

タが古く，限られている，質問を工夫しないと意図した回答が返ってこない等のさまざまな課題がある。マジョリティーがその有用性を実感するには，これらの問題を解決するための一定の高度化が必要である。ここで，OpenAI 社等の AI エンジン開発企業が ChatGPT を高度化するという未来はもちろん存在する[4]。

ただ，ビジネスに影響を与えるという意味では，各ベンダが ChatGPT の API や plugin を利用し，以下のようなサービスを提供するようになることが重要である。

---

- 独自のデータを利用し，ファインチューニングする
- プロンプトエンジニアが工夫したプロンプトを誰もが活用できるようにする
- リスクをコントロールする

---

## ⑴　独自データの利用とファインチューニング

まず，各ベンダが独自に収集したデータを利用して，ChatGPT を使って特定の分野に特化してサービスを提供したり，ユーザ企業が持つデータに対して，ChatGPT を用いての利活用の高度化を支援したりする。そして，そのようなデータを使ってファインチューニングすることで，ユーザの実務に即した利用ができるようにする。ChatGPT は最新のデータへの対応や特定分野特化データへの対応等について大きな不満が残るところであり，独自のデータの利用とファインチューニングで利活用の可能性が大きく広がるだろう。

## ⑵　プロンプトエンジニアリングの工夫

次に，現時点では，ChatGPT で良い回答を得るには，ChatGPT に入力すべき質問の工夫（プロンプトエンジニアリング）が重要である。しかし，マジョ

---

4　5月12日に OpenAI 社はウェブブラウジング機能の提供開始をアナウンスしており（https://www.watch.impress.co.jp/docs/news/1500371.html），GPT5への期待も高まっている。

リティーにアプローチするにはユーザ自身にプロンプトエンジニアの工夫を要求すべきではない。各ベンダがすでに各分野の応用に関するプロンプトエンジニアリングのベストプラクティスを確立しつつある。そのような工夫されたプロンプトを誰でも簡単に使えるようになるプロダクトの提供は，マジョリティーによる利用という意味で大きな意味があるだろう。

### (3)　リスクコントロール

　さらに，Samsung において従業員による ChatGPT の安易な利用によって情報漏えいが発生したと報じられているが，このようなリスクコントロールこそ，各ベンダが工夫を凝らすところである。ChatGPT が便利に利用できるユースケースをピックアップし，当該ユースケースに応じてリスクをコントロールできる形のプロダクトを提供することで，より安心して利用できるようになる。

## 3 ｜ ビジネスにおける活用の展望

　ChatGPT の有用性を実業務で享受しようという動きが広がっている。大きく分けて，アイディア，リサーチ，ドラフト，校正，要約，翻訳等の分野においてここ数年で飛躍的に利用が広がると予想される。また，将来的にはコミュニケーション支援，意思決定支援等にも利用が広がると予想される。

### (1)　アイディアでの活用

　アイディアの分野では，すでに論点出しやブレスト・壁打ちで大きな力を発揮している。自分が気づかない論点や観点を提示してくれる部分は ChatGPT の活用しがいがあるところである。また，AI は要求された数のアイディアをいくつでも列挙する[5]。キャラを設定して「なりきり」をしてもらったり，ディ

---

[5]　ただし，いわゆる「飽和」という現象があり，例えば，300ぐらいキーワードを列挙させると，これまでのキーワードを2つつなげたものをキーワードとして列挙したりする。

ベートをしてもらったりすることもできる。現時点では，抽象的なテーマを除くとアイディアの「質」に不満が残ることが多いものの，将来的には質が高まると期待される。

## (2)　リサーチでの活用

　リサーチの分野では，現在では少なくとも専門分野のリサーチでは不満が残ることが多い。しかし，ChatGPT そのもののウェブブラウジング機能搭載や，上記2(1)の独自データの利用によって，回答の質が向上する。単なるキーワードではなく「知りたいこと」に対する回答が提示される点が従来の検索と比較して優れている。

## (3)　ドラフトでの活用

　ドラフトの分野では，「粗々の叩き台」を迅速に作成する能力は非常に高い。多くの仕事は「着手するまで」に時間がかかると言われており，また，ゼロから作成する成果物よりも，ドラフトを修正するほうが成果物の質が上がりやすい。ChatGPT に粗々のたたき台を作らせ，それを修正することで，業務効率の向上が期待される。将来的には，「早い，安い，不味くはない」で良い分野には ChatGPT の成果物がほぼそのまま利用される（人間が確認・検証する必要はあるものの，その程度が低くなる）と想定される。

## (4)　校正での活用

　校正の分野では，タイポやてにをはの修正，だである体からですます体への変換，外国語のネイティブチェック等で実力を発揮している。もちろん，ChatGPT は著者の意図を踏まえていないので，「おかしな」校正はするものの，その部分を人間が確認・検証すれば十分に現時点で使えるし，今後も能力が向上すると期待される。

## ⑸　要約での活用

　要約については，パワーポイント作成や議事録作成等の利用が始まっており，筆者もパワーポイントを ChatGPT に作らせることがある。一般に重要であろうという部分を抽出する能力は高く，今後はその能力がさらに向上するだろう。ただし，「その案件」や「その人」にとって重要な部分をどう抽出させるかが問題となるところ，現時点では，プロンプトで必要な部分を詳細に指定すること等が考えられる。この点は，今後，ベンダが工夫されたプロンプトを誰でも簡単に使えるようになるプロダクトを提供する中で一定の改善が期待される。

## ⑹　翻訳での活用

　翻訳については，専門翻訳はともかく，一般的翻訳については，ChatGPTが非常に強い。また，文体の指定等もできる。もちろん，誤訳は残るが，今後その精度がますます高まることが期待され，独自のデータを利用するプロダクトの提供により専門翻訳にも対応していくだろう。

## ⑺　その他の活用

　すでに TPO に応じた手紙・メールのドラフト等，コミュニケーション支援における利用も始まっている。将来的には，独自のデータを利用することで，当該データを元にしたより適切なコミュニケーション案の提示等，コミュニケーションもますます ChatGPT を含む AI によって支援されるだろう。

　また，最終的に判断し責任を取ることが人間に残る仕事ではあるが，そのような意思決定も，ChatGPT が示すメリット・デメリットの情報等のデータに基づいて意思決定する等，ChatGPT を含む AI が意思決定支援等においても重要な役割を果たすだろう。

# 4 ｜ 将来のChatGPTに対する規制のあり方―革新的テクノロジーの社会受容のために

ChatGPTについてはすでに以下のような懸念が表明されている。

---

- パーソナルデータに関する懸念
- 独占や集中に関する懸念
- 有資格者の提供していたサービスをChatGPTを使って提供することに対する懸念

---

　ChatGPTは社会に大きなインパクトを与え得る魅力的な技術ではあるものの，同時にリスクも存在する。そこで，日本社会としてChatGPTをどのような条件の下で受容していくかに関する社会的合意を形成していく必要がある。その際には，あまりにも厳しくChatGPTを規制し過ぎると技術発展が阻害されたり，イタリアがChatGPTのGDPR違反の懸念を表明したところ，OpenAIがイタリアへのアクセスを遮断した（後にOpenAIの改善を踏まえイタリアは現時点では問題ないとしている）ように，利用が禁止されたりする可能性があるという面に目配りするべきである。それと同時に，ChatGPTによって侵害され得る権利利益にも配慮が必要である。また，規制にはハードローと言われる法律の規制以外にも，ガイドライン等のソフトローの規制や技術的対応もあることから，さまざまなレイヤーからバランスの良い規制を模索すべきである。また，GDPRとの十分性認定や，2023年6月にも成立すると噂されるEUのAI規則案等，国際的な規制の整合性も重要である。

## (1)　パーソナルデータに関する懸念

　まず，パーソナルデータについては，個人情報保護法やプライバシー等がすでに一定程度規制をかけている。もっとも，少なくとも個人情報保護法本体に

は AI に特化した明確な規制はなく，利用目的の特定の際に AI 等を用いるならば分析目的等を特定すべきことがガイドライン上に記載されている程度である（ガイドライン通則編 3 - 1 - 1 ＊ 1）[6]。今後は，AI 時代に対応した法改正等が行われる可能性があるが，その際には，これらの規制の目的が何か，ChatGPT によってその目的が損なわれている/損なわれ得る部分はどこで，その部分に対応する必要最小限の規制は何か，という観点から検討されるべきであろう。

## (2)　独占や集中に関する懸念[7]

　独占や集中については，特定の AI 企業が多数のデータとユーザを獲得すると，学習が進んでよりエンジンの精度が高まり，そこにますます多くのデータとユーザが蓄積するというプラットフォーム類似の状況が認められる。そこで，プラットフォームに対する独占禁止法上の規制（例えば，優越的地位の濫用が認められた，筆者が原告代理人の 1 人を務めた食べログ事件（東京地判令和 4 年 4 月16日参照）等）を参考に，規制のあり方を検討すべきであろう[8]。

## (3)　有資格者が現在提供しているサービスの代替に関する懸念

　有資格者の提供していたサービスを ChatGPT 等を使って提供することに対する懸念については，それが専門家（なお，企業法務における「法務担当者」のような専門知識を備えた者を含む）を支援するものか，それとも，代替する

---

6　EU として made with AI という AI 利用を義務付ける方向性を打ち出していると報じられるが（https://www.nikkei.com/article/DGXZQOGR234M20T20C23A4000000/），日本はその動きを一足先に実現したと言えるかもしれない。

7　2023年 5 月10日の公正取引委員会事務総長定例会見では，「例えば，仮に，デジタル・プラットフォーム事業者が，生成 AI を通じて膨大なデータを獲得し，それによって，競争優位性が築かれた場合には，新たにそういった分野に入っていこうという事業者の参入が困難になるなど，有効な競争が働かなくなるといった問題が生じる可能性はあるのではないか，という発言がなされた。

8　松尾剛行＝成原慧「AI による差別と公平性─金融分野を題材に」季刊個人金融2023年冬号11頁（https://www.yu-cho-f.jp/wp-content/uploads/2023winter_articles02.pdf）および松尾剛行「プラットフォームのアルゴリズムを利用した差別，不公平，不透明又は不公正な行為に対する統制─透明化法，独占禁止法，立法論と実務（仮）」Law & Practice 掲載予定を参照のこと。

ものか，という観点が重要である。単に支援するだけであれば，そこまで大きな弊害が生じることは多くはないと思われるが，最終的にはそれぞれの資格制度の根拠法令に遡ってその趣旨に反する事態が生じているかという観点から判断されるべきだろう[9]。

## 5 ビジネスパーソンや専門職にとってのキャリアデザインの方向性

　筆者は拙著『キャリアデザインのための企業法務入門』（有斐閣，2022年）の中で，テクノロジーの発展がキャリアに及ぼす影響に言及した。将来的には，「早い，安い，不味くはない」でよければ，「ChatGPTに任せればよい」となるだろう。だからこそ，この機会に，将来何を自分の強みとすべきかを考えるべきである。その際は，ChatGPTがその技術的制約により「できない」「苦手な」ことが何かを考えるのが良いだろう。

　1つは，ChatGPTの提供できるレベルを超えた高いレベルの成果を志向することである。ChatGPTの「たたき台」を元に，それを超えたアウトプットを出すことで差別化が可能である。

　もう1つは，どのようにChatGPT等の新たなテクノロジーを規律するかといった社会や組織のルールづくりへの貢献や，どの部分にChatGPTを利用するかというタスク設計や，どのデータを入れるかで差別化をする方向性である。

　さらに，ChatGPTの作成した成果物をどのように利用してビジネスにつなげるか，というコミュニケーション，意思決定やその支援等の部分で差別化する方向性もある。

　このいずれか，または複数を選んで強みを発揮する際には，いずれにせよChatGPT等のAIの支援を受けて業務を行うことになることから，ChatGPT等のAI技術のテラシーを習得することも重要である。

---

　9　松尾剛行「リーガルテックと弁護士法― 規制改革推進会議議事録公開を踏まえて」NBL1234号70頁も参照。

## 【執筆者紹介】

### 〈第1章担当〉

## 田中浩之（たなか　ひろゆき）

森・濱田松本法律事務所　パートナー弁護士，ニューヨーク州弁護士
慶應義塾大学大学院　法学研究科　特任教授（非常勤）兼グローバルリサーチインスティテュート　サイバーフィジカル・サステナビリティ・センター　構成員
2007年　弁護士登録（第二東京弁護士会），2014年　ニューヨーク州弁護士登録
個人情報，知的財産権，IT に関する業務を手がける。近時は，生成系 AI を含む AI 関係の実務・研究にも力を入れている。主要著作：「60分でわかる！改正個人情報保護法　超入門」（技術評論社，2022年，共著），「ビジネス法体系　知的財産法」（第一法規，2018年）等。

### 〈第2章担当〉

## 河瀬季（かわせ　とき）

モノリス法律事務所　代表弁護士
東京大学大学院法学政治学研究科法曹養成専攻修了。元 IT エンジニア。IT 企業経営の経験を経て，東証プライム上場企業からシードステージのベンチャーまで，100社以上の顧問弁護士等，イースター株式会社の代表取締役，oVice 株式会社の監査役，株式会社 TOKIUM の最高法務責任者などを務める。
JAPAN MENSA 会員。

### 〈第3章担当〉

## 古川直裕（ふるかわ　なおひろ）

弁護士
株式会社 ABEJA 所属。AI の素晴らしい能力に興味を持ったことから数学，統計，機会学習理論，Python などを学び，3年程度弁護士業務よりも主に AI 開発業務に従事。そのような経験から，現在では AI に関する法務および倫理を取り扱う。AI 法研究会 Founder 兼代表。日本ディープラーニング協会の各種研究会の研究員および G 部会委員。また，2023年からは G7 を中心に設立された Globalship Partner on AI の専門家委員。主な著作（共著含む）に『サイバーセキュリティ法務』（商事法務，2021年），『Q&A AI の法務と倫理』（中央経済社，2021年），『ディープラーニング G 検定　法律・倫理テキスト』（技術評論社，2023年）など。

〈第4章担当〉

## 大井哲也（おおい　てつや）

TMI 総合法律事務所パートナー弁護士，TMI プライバシー＆セキュリティコンサルティング株式会社代表取締役
2001年弁護士登録。IPO，企業間紛争。クラウド，インターネット・インフラ／コンテンツ，SNS，アプリ・システム開発，アドテクノロジー，ビッグデータアナリティクス，IoT，AI，サイバーセキュリティの各産業分野における実務を専門とし，ISMS 認証機関公平性委員会委員長，社団法人クラウド利用促進機構（CUPA）法律アドバイザー，経済産業省の情報セキュリティに関するタスクフォース委員を歴任する。


〈第5章ⅠおよびⅡ担当〉

## 辛川力太（からかわ　りきた）

阿部・井窪・片山法律事務所パートナー弁護士，ニューヨーク州弁護士
2008年東京大学法学部，2010年東京大学法科大学院，2018年シカゴ大学ロースクール（LLM）卒業。知的財産，事業再生，競争法等幅広い分野に携わっており，国内外のスタートアップから大企業まで様々なクライアントからの相談に対応している。主要著作には『契約解消の法律実務』（中央経済社）などがある。


〈第5章Ⅰ担当〉

## 佐藤健太郎（さとう　けんたろう）

阿部・井窪・片山法律事務所　弁護士
2016年中央大学法科大学院卒業，2017年弁護士登録。家具・文具メーカーへの出向経験も活かしながら知的財産，訴訟等の案件を中心に広く企業法務に携わっている。


〈第5章Ⅱ担当〉

## 柴崎拓（しばざき　たく）

阿部・井窪・片山法律事務所　弁護士
2016年一橋大学法学部卒業。2018年に弁護士登録後，現在に至るまで阿部・井窪・片山法律事務所にて勤務。特許，商標，著作権等の知的財産法に関する紛争等への対応，AI 技術を取り扱う企業からの相談，情報管理体制に関する相談等に対応している。

〈第 5 章Ⅲ担当〉

## 橋詰卓司 （はしづめ　たくじ）

弁護士ドットコム株式会社　政策企画室

電気通信業，人材サービス業，ウェブサービス業ベンチャー，スマホエンターテインメントサービス業でそれぞれ法務・知財の責任者を務める。2017年より現職にて電子契約の公共政策・リーガルデザインおよびマーケティングを担当。

『［改訂新版］良いウェブサービスを支える「利用規約」の作り方』（技術評論社，2019年），『新・アプリ法務ハンドブック』（日本加除出版，2022年），『会社議事録・契約書・登記添付書面のデジタル作成実務 Q&A―電子署名・クラウドサインの活用法』（日本加除出版，2021年）ほか共著。


〈第 5 章Ⅳ担当〉

## 仮屋崎崇 （かりやざき　たかし）

弁護士ドットコム株式会社 技術戦略室 Professional Tech Lab 弁護士

大手 ERP ベンダーにおいて，ソフトウェアエンジニアとして人工知能型会計ソフトの開発に従事。2019年より現職にて電子契約サービスのプロダクトマネージャーを務めた後，弁護士として大規模言語モデルを利用した法律相談チャットサービスのプロダクトマネジメントを担当。東京大学法学部卒業，筑波大学法科大学院修了。第一東京弁護士会所属。


〈第 5 章Ⅴ担当〉

## 唐津真美 （からつ　まみ）

高樹町法律事務所　弁護士，ニューヨーク州弁護士

アート・メディア・エンターテインメント業界の顧客に対する，著作権・商標権などの知的財産権に関する相談，紛争解決，国内・国際契約への助言を主な取扱業務とする。学校・教育委員会等における法教育・著作権セミナーに多数登壇。文化庁文化審議会著作権分科会委員。近年の著書・論文に『エンタテインメント法実務』（共著・弘文堂，2021年），『オンライン授業と著作権』（講演録・コピライト2021年 7 月号）ほか。


〈第 5 章Ⅵ担当〉

## 清水音輝 （しみず　おとき）

弁護士（第一東京弁護士会所属）

エンジニアとしての経験を活かしつつ，金融規制およびテクノロジーに関する法的アドバイスを提供している。

〈第6章担当〉

## 松尾剛行（まつお　たかゆき）

桃尾・松尾・難波法律事務所パートナー弁護士（60期・一弁），ニューヨーク州弁護士，法学博士，慶應義塾大学准教授，AI・契約レビューテクノロジー協会代表理事，リーガルテック企業プロダクト・アドバイザー

主な書籍として『キャリアデザインのための企業法務入門』（有斐閣，2022年），主な論文として「リーガルテックと弁護士法に関する考察」情報ネットワーク・ローレビュー18号1頁以下。主な登壇歴として，「最新AI技術と法務実務への影響〜弁護士と企業法務がChatGPTを考える〜」2023年3月23日。Note上の「ChatGPT等のAI技術の発展と弁護士実務への影響」（［https://note.com/matsuo1984/n/n006e3e569eb］（https://note.com/matsuo1984/n/n006e3e569eb））が話題を呼んだ。

# ChatGPT の法律

2023年7月5日　第1版第1刷発行

編　者　中央経済社

著　者　田中浩之　河瀬季　古川直裕　大井哲也　辛川力太　佐藤健太郎　柴崎拓　橋詰卓司　仮屋崎崇　唐津真美　清水音輝　松尾剛行

発行者　山本　継

発行所　㈱中央経済社

発売元　㈱中央経済グループパブリッシング

〒101-0051　東京都千代田区神田神保町1-35
電話　03 (3293) 3371 (編集代表)
　　　03 (3293) 3381 (営業代表)
https://www.chuokeizai.co.jp
印刷／昭和情報プロセス㈱
製本／侑 井 上 製 本 所

©2023
Printed in Japan

＊頁の「欠落」や「順序違い」などがありましたらお取り替えいたしますので発売元までご送付ください。(送料小社負担)

ISBN978-4-502-47021-9　C3032